般若心経講話

改訂新版

友 松 圓 諦 著

大 法 輪 閣

目次

第一講　心経について

般若心経の講話はいちどやったことがあるのです。終戦のあと、神田寺の真理会堂が完成して間もなく、昭和二十二年六月一日から毎月第一日曜日に心経を講じはじめ、二十三年十月三日まで、十六回にわたって講義したことがあります。これには速記を入れて置いたので、その後、毎月、雑誌『真理』にのせたけれども、どうしたのか、第六回で最後になってしまい、自然未完成となり、いまでも惜しいことをしたと思っています。ところが、さて、六、七年も前の速記やメモに今さらのように目を通してみても、そのまま、これをひろく天下に発表する気にもなれず、といってこれを捨てるのも惜しい気がして、とうとう今日までひきずられてきたのです。しかし、ふと、心経の「空」の文字に気がついて、いつまでも、そんな昔の旧稿にひっかかっているべきではない、これこそ、般若心経のいましめている思想のとらわれだと思いとって、全部、初めから、書きなおしてみる気になったのです。いまひとつ、迷ってしまったのは、この八月一日から八日間、ある放送局にたのまれて、般若心経を十五分間ずつ八回、講話することになっていたので、半分はこの執筆のことを当てにして放送し、録音し、速記させ、さて、この八日分、二時間ばかりの文章になった放送講話に手を入れ出し、大半、出来上がったのではあるが、どうも、気に入らず、同じ「心経講話」といったところで、書物となって読者にお目にかけるとなると、ただ、一瞬間、音声として放送するのとでは大分、調子がちがうものです。折角、万端、用意したのにと、惜しい気もしたのですが、これこそ、心経のきらう「こだわり」であり、「ひっかかり」とうけとって、思いきって、初めから書きあらためることにしたのです。「心経」というものはその内容から見ても、思えば、そういう風に、組み立ててはすて、ねり上げては、亦、すててゆくというのが一経をつらぬいて流れている精神のようにも見うけられます。それでは、今までの準備、ここまでやってきた布石がみんな無駄になったかというと、決してそういうものではなく、一つも無駄にはなっていないのです。「心経」というものは、読者もすでに御承知でもあろうし、また、初めてお読みになる方も追々と気づかれるように、釈尊が在世時代にお説きになった教理や、その後、何百年のあいだに成立された考え方などをどしどしと捨ててゆくようには見えますが、それが一つだって無駄ではなく、それはそれなりに、全部とりまとめられて、何らかの役に立って行っているのです。

般若心経について

さて、般若心経の本文や内容にはいる前に、一通り心経について知って置いて貰わねばならぬことがあります。第一、心経の「経」ということですが、俗に「お経」と言いますと、何でもわけのわからぬものとうけとる人が多いのです。「お経のようにわけのわからぬことを言う」などと下世話《げ》にさえつかわれている位ですが、元来は釈尊の言行をつづり合せたもののことです。後世になって弟子たちや後の世の信者たちがまとめたものです。「わからぬ」というのは釈尊時代の大昔の言葉をそのままに読んだり、中国で漢文に訳したのを棒読みによんでいるからです。現代語に訳せば何のむずかしいところはありません。それにこの心経は非常に短い経文ですから、うっかりすると、この心経を見くびってしまうのです。何しろ、急いで、漢訳を棒読みにしますと、二、三分もかかりません。その字数も二百六十字、「一切」という形容詞を「顚倒夢想《てんどうむそう》」の上に加えますと、二百六十二字ということになっている短い経にすぎません。もとより、阿含経《あごん》などという釈尊在世の古い経文などの中には、もっともっと、短いのもありますが、後世になればなるほど、経文というものは増広《ぞうこう》されて非常に大部のものが多いのです。といいますのは、大部であることがたっとばれるようにもなり、自然、いままでは別に短い単経として存在していたものまでも、一部のものにまとめましてその部数の多いことを自慢にするようになったのです。その一番大部なものの例が、般若心経にも大変関係のふかい「大般若波羅蜜多経」六百巻です。こんな大部なものにくらべますと、「心経」などは物のかずでもありません。その何千分の一といっていい位の分量しかありません。そこが心経の心経たる所以です。何しろ、今日仏教の悩みは経文の多いことです。多すぎるのが仏教の難点であり、弱点です。これを捨てること、きりすてることが仏教の刻下《こっか》の焦眉《しょうび》の事業です。そのいいお手本が心経です。六百巻もある大般若の中から不要のところをきりすてて「ここだけが必要だから」と示したのが心経です。その手際は非常にあざやかで、到底凡手のなしうる業《わざ》ではありません。だらだらとひろげたり、つけ足しをすることは誰にでも出来ますが、一刀両断、六百巻を一巻に、それもたった二百六十字にきりすててしまうのは容易な技術ではありません。心経には「空」の思想が一貫していますが、心経成立の筋書自体が一切不急不要の文字をきりすてて、肝腎かなめの要点だけをぎりぎりに煎じつめたのですから大事業であったと思います。心経の撰者が今日再び日本仏教界に出現して、もう一遍、大蔵経五千巻を一巻位にまとめてくれたら、仏教は立ちどころに生きかえるのではないかと思います。しかし、その手本はすでにこの心経の上にあざやかに示されている、この心経が一切蔵経の精要だとうけとっていいのではないかと思います。

それだけに、正直のところ、この心経はうっかり気を許しては読めないのです。この短い心経を丸呑みにして、まるで丸薬《がんやく》のように考え、何かの功徳になる特効薬のようにうけとる人々がありますが、これは「心経」を殺すものであり、全くの見当ちがいではないかと思います。ほんとうのことを言いますと、この心経は二百六十字の短経ですから扱いいいようにも思えますが、それがただの二百六十字ではないのです。いずれさきに行っておわかりいただけると思いますが、よくかみしめて読んで行きますと、一字一句も油断がならぬのです。急所だらけといいますか、落とし穴だらけとでもいいましょうか、うっかり気を許してよんでいますと、大変なまちがいをするのです。大部の経文ですと、量的にはあぐんでしまいますが、「当らずといえども遠からず」という確率が割合にたかいのですけれども、心経のように短少の経文ですと、危くって仕方がないのです。第一、「般若心経」という四字だけについて掘り下げてみても、私のような学力の弱いものには到底、説明しきれません。何が「心」であるかという問題、「心」という字の原語はフリダヤ（Hṛdaya）、ドイツ語の「心臓」を意味するヘルツ（Herz）や英語のハート（Heart）と同じ語源から出た言葉ですが、一体、何が「般若の心臓」であるか、これ一つだって大変な問題です。「般若」というのは原語のプラジュナー（Prajñā）の音訳、くわしくは、「般若波羅蜜多」、すなわち、プラジュナー・パーラミター（Prajñāpāramitā）の略字ですが、これは「智慧の究竟」とか、「智慧の到彼岸」とかを意味していますから、いよいよもって、「智慧の心臓」が何であるかが、ややこしくなってくるのです。この「心」の一字についてはそれぞれ、この心経を解釈する人々の立場により、その立つところの宗義によって、いろいろの意見を述べていますが、公平にみて、この心経の「心」は肝要、精髄というほどの意味にとる方が素直ではあるまいかと思います。禅家の人々は「般若心」ともろにうけとって、自分の本来の清浄心という風にうけとっていますが、それもたしかに一つのうけとり方でしょうが、この心経の内容からみて、六百巻にものぼる大部般若の「心要《エッキス》」とうけとるのが自然ではあるまいかと思います。

型破りの経典

「般若心経」、もっと、裃《かみしも》をつけてみると、「般若波羅蜜多心経」とはいうものの、この心経ほど行儀のわるい、型破りの経典はない。ないというのがつよすぎたら、少ないと言いあらためましょう。何しろ、御承知の通り、この心経には首尾がないのです。普通、経文と名のつくものは「如是我聞《にょぜがもん》」(かくの如くわれきけり)にはじまって、「皆大歓喜」(みな大いによろこべり)とか、「信受奉行」(信受し奉行せり)とか、その首尾に一応の格好がついているものです。したがって釈尊がどこにいられたとき、どういう折に、誰を相手に説法せられたという一つの体裁というか、型があるのです。ところが、この心経はまるでそうした類型を破って、いきなり、のっけから「観自在菩薩《かんじざいぼさつ》」が登場するのです。そして誰がよびかけるのか、文法上ははっきりしませんが、「舎利子」という歴史上の人物である釈尊の一人の弟子が受け身になっているんです。そして、例の有名な「色即是空《しきそくぜくう》、空即是色《くうそくぜしき》」の世界観をのべるのです。最後には、一寸、木に竹をくっつけたように、呪文《じゅもん》をとなえておわるという仕組みになっているのです。まるで片はだぬいだような、開襟シャツのいでたちで、滔々《とうとう》と、自分のいいたいことを言いまくったというような、誠に型破りの経文です。もっと正直のことをいうと、漢訳にこそ、初めからもっともらしく、「般若心経」と銘うってありますが、古い梵語でかいてある原本をしらべてみますと、「般若波羅蜜多心」(Prajñāpāramitāhṛdaya) とあるだけでして、「経」の字さえ省いているほどのさばけ方です。一体、経名というものは中国で訳されたときに初めて経文の最初に出されたのですが、梵本の方では巻末のところに記されるのが常式になっているのです。ところが、日本などでは心経をよぶときには首尾、重ねて経名をよみ上げるばかりでなく、追々、後世になりますと、「型破りの心経」にいろいろな衣装をつけまして「仏説摩訶般若波羅蜜多心経」などと、いかめしく、経題をよみ上げるようになったのはどんなものでありましょうか。ここで、少しく、「心経」というものを分析してみますから、一応、「心経」の内容を知って置いていただきたいと思います。さきに行ってお話をしますが、ここに出しました「心経」は有名な玄奘《げんじょう》の訳とつたえられているものを初めにその漢訳そのままを、つづいて、その和訳といっても、漢文をよみ流したにすぎませんが、この方が漢文の棒読みよりは少しはわかりいいでしょうから、ここに並べて置きましょう。一度、少しはむずかしいでしょうが読んでいただきたいのです。勿論、「色受想行識」だなどと小むずかしい字が出ますが、これは追々と説明して行きますうちに、自然にわかってきますから、とりあえず、一度、よんでみていただきたいのです。

玄奘の翻訳

般若波羅蜜多心經《はんにゃはらみたしんぎょう》

觀自在菩薩《かんじざいぼさつ》　行深般若波羅蜜多時《ぎょうじんはんにゃはらみたじ》　照見五蘊皆空《しょうけんごうんかいくう》　度一切苦厄《どいっさいくやく》　舍利子《しゃりし》　色不異空《しきふいくう》　空不《くうふ》
異色《いしき》　色即是空《しきそくぜくう》　空即是色《くうそくぜしき》　受想行識《じゅそうぎょうしき》　亦復如是《やくぶにょぜ》　舍利子《しゃりし》　是諸法空相《ぜしょほうくうそう》　不生不滅《ふしょうふめつ》　不垢《ふく》
不淨《ふじょう》　不增不減《ふぞうふげん》　是故空中無色《ぜこくうちゅうむしき》　無受想行識《むじゅそうぎょうしき》　無眼耳鼻舌身意《むげんにびぜっしんい(に)》　無色聲香味觸法《むしきしょうこうみそくほう》　無眼界《むげんかい》
乃至無意識界《ないしむいしきかい》　無無明《むむみょう》　亦無無明盡《やくむむみょうじん》　乃至無老死《ないしむろうし》　亦無老死盡《やくむろうしじん》　無苦集滅道《むくじゅうめつどう》　無智亦無得《むちやくむとく》
以無所得故《いむしょとくこ》　菩提薩埵《ぼだいさった》　依般若波羅蜜多故《えはんにゃはらみたこ》　心無罣礙《しんむけげ》　無罣礙故《むけげこ》　無有恐怖《むうくふ》　遠離一切顚《おんりいっさいてん》
倒夢想《どうむそう》　究竟涅槃《くきょうねはん》　三世諸佛《さんぜしょぶつ》　依般若波羅蜜多故《えはんにゃはらみたこ》　得阿耨多羅三藐三菩提《とくあのくたらさんみゃくさんぼだい》　故知般若波羅《こちはんにゃはら》
蜜多《みた》　是大神呪《ぜだいじんしゅ》　是大明呪《ぜだいみょうしゅ》　是無上呪《ぜむじょうしゅ》　是無等等呪《ぜむとうどうしゅ》　能除一切苦《のうじょいっさいく》　眞實不虚《しんじつふこ》　故說般若波《こせつはんにゃは》

羅蜜多呪《らみたしゅ》　即説呪曰《そくせつじゅわつ》　掲諦《ぎゃてい》　掲諦《ぎゃてい》　波羅掲諦《はらぎゃてい》　波羅僧掲諦《はらそうぎゃてい》　菩提薩婆訶《ぼうじそわか》　般若心經《はんにゃしんぎょう》

同　訓読

觀自在菩薩《かんじざいぼさつ》、深般若波羅蜜多《じんはんにゃはらみた》を行《ぎょう》ずる時《とき》、五蘊《ごうん》は皆空《みなくう》なりと照見《しょうけん》して、一切《いっさい》の苦厄《くやく》を度《ど》したまう。舎利子《しゃりし》よ、色《しき》は空《くう》に異《こと》ならず、空《くう》は色《しき》に異《こと》ならず、色《しき》は即《すなわ》ち是《こ》れ空《くう》なり、空《くう》は即《すなわ》ち是《こ》れ色《しき》なり。受《じゅ》・想《そう》・行《ぎょう》・識《しき》も亦復《またまた》是《かく》の如《ごと》し。舎利子《しゃりし》よ、是《こ》の諸法《しょほう》は空相《くうそう》なり。不生《ふしょう》にして不滅《ふめつ》、不垢《ふく》にして不淨《ふじょう》、不増《ふぞう》にして不減《ふげん》なり。是《こ》の故《ゆえ》に、空《くう》の中《なか》には色《しき》も無《な》く、受《じゅ》・想《そう》・行《ぎょう》・識《しき》も無《な》く、眼《げん》・耳《に》・鼻《び》・舌《ぜつ》・身《しん》・意《い（に）》も無《な》く、色《しき》・聲《しょう》・香《こう》・味《み》・觸《そく》・法《ほう》も無《な》く、眼《げん》界《かい》も無《な》く、乃至《ないし》、意識界《いしきかい》も無《な》し。無明《むみょう》も無《な》く、亦無明《またむみょう》の盡《つ》くることも無《な》く、乃至《ないし》、老死《ろうし》も無《な》く、亦老死《またろうし》の盡《つ》くることも無《な》し。苦《く》・集《じゅう》・滅《めつ》・道《どう》も無《な》し。智《ち》も無《な》く、亦得《またとく》も無《な》し、無所《むしょ》得《とく》を以《もっ》ての故《ゆえ》に、菩提薩埵《ぼだいさった》は般若波羅蜜多《はんにゃはらみた》に依《よ》るが故《ゆえ》に、心《こころ》に罣礙《けいげ》無《な》し。罣礙《けいげ》無《な》きが故《ゆえ》に、恐怖《くふあ》有ること無《な》し。一切《いっさい》の顚倒夢想《てんどうむそう》を遠離《おんり》して、究竟涅槃《くきょうねはん》す。三世《さんぜ》の諸佛《しょぶつ》も、般若波《はんにゃは》羅蜜多《らみた》に依《よ》るが故《ゆえ》に、阿耨多羅三藐三菩提《あのくたらさんみゃくさんぼだい》を得《え》たまう。故《ゆえ》に知《し》る、般若波羅蜜多《はんにゃはらみた》は、是《こ》れ大神呪《だいじんしゅ》なり。是《こ》れ大明呪《だいみょうしゅ》なり。是《こ》れ無上呪《むじょうしゅ》なり。是《こ》れ無等等呪《むとうどうしゅ》なり。能《よ》く一切《いっさい》の苦《く》を除《のぞ》く。眞實《しんじつ》にして虚《むなし》からず。故《ゆえ》に般若波羅蜜多《はんにやはらみた》の呪《じゆ》を説《と》く。即《すなわ》ち呪《じゆ》を説《と》いて曰《いわ》く、掲諦《ぎやてい》、掲《ぎや》諦《てい》、波羅《はら》掲諦《ぎやてい》、波羅《はら》僧掲諦《そうぎやてい》、菩提薩婆訶《ぼうじそわか》、般若心經《はんにやしんぎよう》。

『開元録《かいげんろく》』という玄奘の在世から少しあとで出来た記録の第八巻の語るところによると、玄奘三蔵が唐の貞観二十三年五月二十四日（西紀六四九年）に終南山の翠微《すいび》宮《きゆう》という離宮で翻訳、沙《しや》門知《もんち》仁《じん》という弟子が筆受したということになっています。勿論、この年月についてはさすが当代随一の三蔵法師の行状のことですから寸分まちがいはあるまいと思いますが、何しろ、『開元録』という記録が、この翻訳の行われてから半世紀以上もあとになって出来たものですから、年月に多少のくるいがあったかも知れません。というのは、それより四年前の貞観十九年に病没したという伝説のある慧浄《えじよう》というものに『般若心経疏』という註釈書があることです。勿論、その註は玄奘の訳本に与えた註釈ですから、慧浄の没年にくるいがあるのか、玄奘の訳年に多少のずれがあるのか、今から十三世紀も前のことを五年、十年のくいちがいはいたし方がありません。それはとにかくとして、玄奘が印度より帰朝後、間もなく「心経一巻」を訳したことは諸伝の一致するところであり、かつ、いま御覧をいただいた通り、しっかりした翻訳です。それに玄奘は大般若六百巻を訳了しているほどの名訳家ですから、「心経一巻」ほどを訳すことは朝飯前の仕事であったにちがいなく、五月二十四日に訳したとある通り、皇帝や皇太子のいるところで訳してしまったのです。いずれ、さきに行って話しますが、この心経に一致する箇所が大般若の中に一、二カ所ありますので、そこを対照してみましても、その訳風が全く一致していまして、彼が関係していたということについては寸分うたがう余地がありません。ただ、一寸、ここで注意して置きたいことは、羅什《らじゅう》、原名はクマーラジーヴァ(Kumārajīva)という亀茲国《きじこく》(中央アジアの一地方)生れの名訳家ですが、この人が玄奘よりも二世紀半も前に大品《だいぼん》般若を訳しているのです。ところが、その中にも、心経と一致するところがありまして[註一]、そこをよんでみますと、平素心経をそらんじているほどの人々なら玄奘訳とあまりにも似ているところが多いことに気づくでしょう。これは羅什が訳した大品般若の第三習応品の一節なのです。今日の玄奘訳の心経と、この羅什の大品般若の一節とがあまりにも一致しているということは、いろいろの意味をもっているのです。一つには、玄奘はおそらく梵本から口訳したのでありましょうが、そのとき玄奘はただ目に梵本を見ながら沙門の知仁という弟子に口授したものとしては、羅什訳大品般若の一節とあまりに一致してはいないでしょうか。これはただ偶然の一致と見ていいだろうか、私には多少どころか、相当のうたがいなきを得ません。これは玄奘が自分で訳して、自分で書き上げたものではありませんから、翻訳にあたって玄奘が先輩の羅什訳を参考にしたものか、それとも、筆受したといわれる弟子の知仁が大品般若の羅什の訳例を一応参考にしたものと思われます。もとより、世の中には偶然の一致ということもありますが、二百六十字のうち、百字以上、それも中心の教理のところが、「舎利子」のかわりに「舎利弗」と訳されている位のちがい方で、ほとんど完全の一致をみているということは、羅什の大品の一節が玄奘訳に影響があったのではないかと思うのであります。そのことは、いずれさきに行ってのべるつもりですが、この心経というものの成立上、大切な要素の一つでもあるということを覚えて置いていただきたいのです。

心経の異訳

これを機会に読者に覚えて置いて貰いたいことは、心経の訳といえば誰しも暗誦までしている玄奘訳だけだと思っているひとが多いのですが、これには玄奘訳のほかに幾通りもあるのです。ここで真先きに皆さんのお耳に入れて置きたいのは、羅什訳とつたえられている『摩訶般《まかはん》若波羅蜜大明呪経《にゃはらみつだいみょうじゅきょう》』註二という訳なのです。ところが、この訳本を羅什の手になったものだなどと言い出したのは、玄奘から半世紀もたってから出来た『開元録』という目録に初めて羅什の名前が出てくるだけで、羅什が死んで（西紀四一三年）三十年しかたっていない頃の有名な僧祐《そうゆう》という者の目録、『出三蔵記集』には羅什の下に大品小品の般若ほか三十五部の訳名しか出ていないし、『梁《りょう》高僧伝』にも『法経《ほうきょう》録』にも、『歴代《れきだい》三宝記』にも、『彦琮《げんそう》録』にも、ないしは、『大唐内典録』、『静泰《じょうたい》録』、『靖邁《せいまい》録』、『大周刊定《かんじょう》録』などにも、羅什の心経訳の事実はなく、ただ『開元録』になって初めて、羅什訳として『摩訶般若波羅蜜大明呪経』の名が出ているにすぎないのです。こうした有名な訳経者になると、後世になればなるほど、その一代に訳出した経数が増加するのですから不思議なことです。私の研究では、羅什が在世中に訳したろうと思われる、たしかな分が三十五部、『開元録』あたりにくると百二十二部にまで水増しになるのですから、有名人というものは自分の死後の方が生前より訳経の部数がふえるわけです。ですから、訳経目録の上からだけ考えますと、どうもこの『摩訶般若波羅蜜大明呪経』という異訳本は、ただちにこれを羅什の訳とは折紙をつけられないのです。この点、『原始般若経の研究』

の著者、梶芳光運《かじよしこううん》君は立派な研究を発表されていますが、この羅什訳に関するかぎり、どうしたわけか、これを学問的に考証していられないことは惜しいことです。これは羅什訳とつたえられている『大明呪経』を一読してみると、すぐわかるように、玄奘訳とほとんど同じなのです。ところが、ここに実に面白いことがあるのです。玄奘訳とちがっているところを少ししらべてゆきますと、そこのところがまさしく、羅什訳の大品般若、さきに、玄奘が参考にしたのではないかと思われる第三習応品に一致するということです。読者各位には面白くないかも知れませんが、これが中々大きな思想上の意味をもっているのですから、もう少し忍耐力のある方は註二をよんでいただきたいのです。心経は六波羅蜜を要求する経文、忍波羅蜜の修行のために今少しく忍耐力をもってつきあってほしいと思います。

羅什訳といわれている『大明呪経』と玄奘訳とのちがっている部分、「舎利弗色空故」以下、「非現在」にいたるまで、これは、また、不思議にもさっきからとりあつかっている正真正銘の羅什訳、大品般若第三習応品（大正蔵第八、二二三）の中にそっくりそのまま、ほとんど一字のくるいもないといえるほどの一致をもって見出されるのです。さっきもいった通り、玄奘訳の心経の百字以上がこの習応品に一致していることと考え合せて、心経を研究する上の一つの鍵がここにあるのではないかと思われるのです。勿論、ここに引用した『大明呪経』というものは、羅什の訳出したものであるわけはなく、たしかに玄奘が心経を訳出した以後に玄奘の訳例を参考にして誰人かが訳出というか、もじったのであろうが、そのとき、玄奘の心経訳の一つの訳例となった羅什の大品般若の習応品からその一節を引用して、羅什の名を冠したものと思われるのです。今日のところ、『大明呪経』のような心経の梵本はどこにも見当らないので、羅什がある心経の梵本から直接訳出したということは到底、考えられません。ましてや、梶芳君のいうように玄奘が渡印以前にこの『大明呪経』をよんだと考えられたのはどんなものであろうか。おそらくは僧祐の『出三蔵記集』の中に失訳異本として『摩訶般若波羅蜜神呪一巻、般若波羅蜜神呪一巻異本』と出ているので、今日つたわっている『大明呪経』をこれに一致させようと無理されたのではあるまいか。

型の出来た心経

さっきも申したように、この般若心経講話で教材にするのは玄奘訳の心経で、この心経は全くの型破りの経典ですが、そのままにして置いた方が心経の名にふさわしいと思いますのに、世間というものはそうばかりはゆかぬと見えまして、いつの間にか心経の異本として、もっともらしい経典の格式をつけたものがあらわれてきたのです。法月訳の心経、くわしくは、『普遍智蔵般若波羅蜜多心経』、般若と利言との共訳による『般若波羅蜜多心経』、同じく、智慧輪と、燉煌《とんこう》の石室に発見された法成の心経と、更に施護、この五つの異訳心経がありますが、これはちゃんと、「如是我聞一時仏在王舎城」にはじまり、観自在菩薩が釈尊の許可をえて、舎利弗に色即是空、空即是色の空理を説き、「皆大歓喜、信受奉行」におわっているのです。これは一経の体裁が出来上がって、誰がどう舎利弗に説いたかという首尾、始末がはっきりしてよくなったのではありますが、別段「心経」の思想内容というものは少しも増加しているわけではありませんから、私は玄奘訳の心経によって講話を進めてゆくつもりであります。むしろ、私が「型破りの心経」と申したように、一切の挨拶ぬきで、ずばりと心経として言いたいことを言ってのけるというような簡素、単純、素朴のものが失われてしまったことは残念だと思います。心経にとってはその名の示す通り「心臓」をぐさりとさしてゆこうというのがねらいですから、観自在菩薩がどうした、あとでみんながよろこんだか、どうか、そんなことは、すべて余計なごたくであって、「喫茶去《きっさこ》」の茶礼のように「色即是空、空即是色」の大太刀をふるったら、だまってさっさとひき上げてくるのが心経の作法かと思うのです。

心経の梵本

中国につたわったいくつかの心経の異訳については、いままで多少のべてきましたが、これらはいずれも梵語の原本があっての仕事です。さっきも、羅什訳の異訳のところで一寸ふれて置いたように、かなり早くから心経の訳本があったらしいので、その原本も相当に早く漢土につたわったものと思われるのです。初めて心経の訳本のことを記録しているのが、さっきものべましたように、僧祐（西紀四四五年—五一八年）の手になる『出三蔵記集』に出てくる『摩訶般若波羅蜜神呪一巻、般若波羅蜜神呪一巻異本』です。これはその当時、誰が訳したものか、訳者は不明ですが存在していたらしいのですが、どこにも「心経」ともありませんし、ましてや、さっきも考証しましたように、これをもってただちに現存の羅什訳とつたえられている大明呪経であるときめることは出来ませんから、はたしてこれが今日、玄奘訳心経の原本からの異訳かどうか、明言することは出来ませんが、あるいは心経のある異訳があったかも知れません。そうすると、五世紀初葉以前に、すでに、心経の梵本が漢土にわたったのではないかと思われます。ところが、これは日本のことですが大和の法隆寺に古い貝多羅葉の梵本がつたわっていたのです。これは一八八一年にイギリスのマックス・ミューラー(F. Max Müller)博士が『日本からの仏教経典』(Buddhist Texts from Japan)の中にそのくわしい経緯がのべてあり、つづいて、一八八四年に同博士が日本の南條文雄との合著で『古代貝葉』と題して、その中に初めて、般若心経の梵本を紹介しているのです。それには有名な梵語学者であるドイツのビューラー(G. Bühler)博士が、くわしく法隆寺所伝の心経梵本を調査してその書写された年代を推定しています。彼によりますと、この法隆寺所伝心経梵本というものは西紀六〇九年に日本に伝来し、さらにさかのぼって、印度から中国に西紀五二〇年に帰化した菩提達磨によって印度から漢土にわたったものであるから、ネパールや西印度のジャイナの文献などを参考にしてみると、西紀第六世紀の初葉よりくだるものとは思われないというのです。してみると、玄奘が印度から将来してきた心経梵本よりも百何十年も前に印度、中国をわたって日本に渡来したものと思われます。ビューラー博士はこの法隆寺に今から十三世紀も前からつたわっている心経の梵葉について巨細に点検し、その寸法、縦横から行数、字数までもくわしく調査して、これを印度古代、中、南、北印度各地に見出される梵葉と比較して、これほど立派な保存の行われたことに驚嘆していられるほどである。

榛葉良男氏の『般若心経大成』にはチベット訳七種、蒙古訳二種、満州訳二種のほかに幾種の梵本、法隆寺貝葉梵本とネパール本のほか、スタイン博士によって燉煌の石室で発見された梵漢対照本を初め、古くからわが国につたわっている澄仁本、玄奘本、勧修寺本、蘭渓本、御室本、邦教本、慈雲本、慧運本、圓海本、寛喜本など、梵字と漢音訳の対照本を沢山あつめています。宝暦十四年(一七六四)に刊行された『異訳心経』には漢訳を七種に、梵漢対照が二本、宋蘭渓の梵語心経をのせているが、梵漢対照本は燉煌出土の分が割合に間違いが少ない――それでも大きい重複があるが――けれども、わが国に伝来したものには参考になるところも沢山ある。しかし、何といっても、長い年月のことだから誤写がないとはいえないのです。もっとも、一口に梵本といっても決して一種類でなく、漢訳に大小の二つがあるように、型破りの梵本心経と、序分、流通分を一応格好づけた大心経との二つがあります。

梵本と和訳

この般若心経講話の読者はすぐにも「観自在菩薩」以下の、玄奘の漢訳心経の説明を要望されていることはよくわかっていますけれども、さいわいに、この心経には法隆寺所蔵の立派な梵本があるのですから、特別の仏教学者でなくとも、何も中国の言葉ばかりにとらわれることなく、心経の原本も一通り目を通し、その原本からの直接の和訳を読んでいただきたいのです。もう、いつまでも漢訳の経典ばかりよんでいる時代ではなく、漢文の棒よみの時代はすんでしまったのです。パーリ語なり、梵語（サンスクリット）なり、原本のあるものはどしどしと直接に原本について、ほんとうの意味をしっかりと自分のものにする時代がきているのです。キリスト教の聖書などはすでに『口語訳聖書』さえ刊行されている今日ですから、よめる、よめないのでなく、どうしても一通りよんで貰いたいのです。それにお塔婆の上に書いてあるような昔風の、むずかしい梵字でかくのではなく、誰しもよめるローマ字化して心経の原本を後に出[註三]して置きますから、次のマックス・ミューラーの英訳[註四]と榊《さかき》博士の和訳とあわせ、対照して、よんでいただいたら、まさに、現代の心経に接することが出来るでしょう。註にかかげます心経の梵本は、法隆寺本について、榊博士が多少、修正されたものです。もとよりこの梵本は初めての方にはチンプンカンプンでしょうが、そんな方はさらっと、めくって、次の和訳だけでもよんでいただきたいと思います。

般若波羅蜜多心（経）

榊亮三郎訳

一切智に帰命す。

尊き観自在菩薩は、深妙なる般若波羅蜜多に於て、行を修せしとき、照見すらく、五蘊ありと。而して、彼は、此等を認めて、本来空なるものとなせり。

舎利子よ、此の世界に於ては、色は空にして、空こそ色なれ。空は色より他のものにてはなく、色は空より他のものにてはなし。凡そ色は、是れ空なり。凡そ空は是れ色なり。受と想と、行と識とは、亦已に斯のごとし。

舎利子よ、此の世界に於ては、一切の諸法には、空の相あり。生ぜず、滅せず、汚れず、浄からず、減ぜず、増さず。是の故に舎利子よ、空の中には、色なく、受なく、想なく、行なく、識なく、眼耳鼻舌身意なく、色声香味触法もなし。眼界なく、以て意識界なしと言うに及ぶ。

明なく、無明なく、明の滅尽することなく、無明の滅尽することもなし、以て老死なく、老死の滅尽なしと言うに及ぶ。苦集滅道（の四諦）なく、智なく、得なし。得の状態なきが故に。

倘《も》し人、菩提薩埵の般若波羅蜜多に帰依せば、心の障礙なくして、遊行すべし。心の障礙なきが故に、恐怖することなく、転倒の状態を超脱して、究竟の涅槃に入るべし。三世に住する諸仏は、般若波羅蜜多に帰依して、已に無上の等正覚を証得し玉えり。是の故に、人は須《すべか》らく、般若波羅蜜多の大呪を知るべし。此の大明呪は無上の呪文にして、無比の呪文なり。一切の苦厄を息むる呪文にして、虚偽ならざるが故に真実の声なり。般若波羅蜜多の中に於て、言われし呪文なり。其の呪文は下に言えるがごとし。

往き往きて、彼岸に往き、彼岸に到達せる覚よ、薩婆訶と。

読者各位は、昔風の「観自在菩薩行深般若」と棒よみをして、わけもわからず、何万遍も読誦することが般若心経の修行だと思うようなことはありますまい。この榊博士のわかりいい和訳によって、梵本の内容もわかり、玄奘の心経をよみ下ろすよりはもっとわかり易く感じられたことであろう。ただ、玄奘の心経訳になれた人々は「度一切苦厄」の五文字のないことに不思議の感をいだくであろうが、原文にはどこにも見当らないのです。どうして、玄奘訳に「度一切苦厄」の五字があるのであろうか。玄奘の訳後に、誰か後人が付加したのかも知れないと思ったのですけれども、玄奘の直弟子である窺基《きき》や圓測《えんじき》などの心経の註釈書をよんでも、はっきりとこの五文字があり、それに註解が加えられているのです。ですから玄奘はたしかにこの五文字を「見五蘊皆空」のあとに訳出したにちがいないのです。玄奘ほど文法のやかましいひとはないのですから、原文の梵本にないような文字を訳出する人物ではないのです。そうすると、玄奘が訳した梵本には「度一切苦厄」の原文があったものと見なくてはなりません。しからば、どういう意味でこんなところへ「度一切苦厄」の一句がまぎれこんだのであろうか、観自在菩薩の自利のさとりの内容が「照見五蘊皆空」とすれば、利他の大悲救済が、「度一切苦厄」としてあらわれてきてわるいわけでもない。ところが、増広《ぞうこう》された心経の漢訳の方は、法月、般若、智慧輪、法成の各訳ともみんな言い合せたように「度一切苦厄」の一句が見当らないのです。

法隆寺の貝葉心経の中で目につくことの一つは、十二因縁を空じてゆく条下、その冒頭に「明も無く、明の尽くることもなく」という一節が加わっているのはどんなものであろうか。榊博士も大小の梵本通り、「明もなく」さらに、「明の滅尽することなく」と訳していられるけれども、すでに、ここが、「苦集滅道」の四諦をのりこえて、今度は「無明、行、識、名色、乃至、老死」の十二因縁を空じてゆこうとするものであるならば、大小心経のすべての漢訳が一致するように、「明もなく、明の滅尽することもなく」は一つ余計なものが混入したものと見るべきではなかろうか。これは玄奘などの漢訳の方が素直だと思います。それに、玄奘には「以無所得故」とあるのに、法隆寺の梵文にはありませんが、日本に伝わっている梵漢対照のものには「所得なきをもってのゆえに」(aprāptitvena)という梵字が加わっているので、榊博士がここに「得の状態なきが故に」と付加されたことは、一応の根拠があるものと思います。

読者はこの榊博士の梵本から直接、日本文に訳した心経を御覧になって、何か、心経がわれわれの身近かにちかよってきたように感じられたと思います。今日、日本の仏教を生かす道は、いろいろ、小手さきの改革などに手間どっているよりは、すべての経文を、もし、その経文に梵本なり、パーリ語の原本がありましたら、これをわれわれ日本の日常語に翻訳することです。そこに、初めて仏教はわれわれの生活に力強く生きかえってくると思います。そんな意味で私もこの三、四十年というものを、原典の現代語訳に微力をつくしてきたのです。『法句経《ほっく》』なども漢訳をよんだり、漢訳を日本流に書き流して読んでいる間は、われわれの日常生活に生きてきません。ところが、原文のパーリ語から、今日の青年たちにわかるような日本語に訳してみますと、そこに、訳者自らも、かつて自らに感じたことのないような強い感激をうけるのです。その意味から、昭和二十二年に、今は故人になられた高神覚昇《たかがみかくしょう》、山本快龍《やまもとかいりゅう》の二氏を初め、多くの新旧老若の学者をあつめて、「国語経典編纂委員会」をつくって、とりあえず般若心経の試訳をやったのです。勿論、今日から見ますと、まだまだ不満の点が多いのですが、神田寺を中心とする私達の宗教団体では、この新訳の「般若心経」を集会のたびに、みんなでよむことにしていますので、ここに一つの新訳の参考としてかかげて置きます。勿論、玄奘の漢訳を頭の中に入れて、今日の梵本を現代日本文になおし、多少、斉唱に便利のように修正したものです。

般若心経

聖《ひじり》なる観自在菩薩いと深き般若《ちえ》の波羅蜜多《きわまり》を行《おさ》めたまいしとき、五蘊《ものとこころのあつまり》は一切《よろず》みな自《さな》性《がら》に空《うつろ》なりと照見《さとりえ》たまえり。

舎利弗《しゃりほつ》よ、此世に於ては、色《かたちあるもの》みな空《うつろ》にして、空《うつろ》ぞ色《もの》をかたどれり。色《かたちあるもの》をおきて他《ほか》に空《うつろ》ということなく空《うつろ》の他《ほか》に色《もののかたち》はあるべからず。受《なさけ》も想《おもい》も行《はからい》も識《こころ》もまた是《かく》の如し。

舎利弗よ、此世に於ては、諸法《すべてのもの》は空《うつろ》の相《すがた》なり。おこることもなく、うせることもなく、垢《けが》るることもなく、浄《きよ》まることもなく、減《へ》ることもなく、増《ま》すこともなし。

舎利弗よ、是故《かるがゆえ》に、空《うつろ》の中には色《かたちあるもの》なく、受《なさけ》も想《おもい》も行《はからい》も識《こころ》もあるにあらず。眼《まなこ》も耳も鼻も舌も身《からだ》も意《こころ》もなく、色《かたち》も声《こえ》も香《かおり》も味《あじ》も触《さわり》も法《かんがえ》もあることなし。眼界《まなこにみるところ》もなく、乃至、意識界《こころにおもうところ》もなし。無明《おろかさ》もなければ無明《おろかさ》の尽くるところもなく、乃至、老いも死もなく、老いと死の尽くるところもなし。苦《なやみ》も集《まよい》も滅《さとり》も道《おしえ》もなく智《ちえ》も所得《なしとげ》もあることなし。

およそ所得《なしとげ》ということなきをもっての故に、菩提薩埵《さとりをもとむるひと》は、般若《ちえ》の波羅蜜多《きわまり》を依止《よりどころ》として、心に罣礙《こだわる》ことなし。心に罣礙《こだわり》なきの故に、恐怖《おそれ》あることなく、顚倒《まよい》を遠く離れて、涅槃《さとり》を究竟《きわ》め尽《つく》せり。三世《みつのよ》に住みたまえる一切《よろず》の諸仏《みほとけ》も亦、般若《ちえ》の波羅蜜多《きわまり》を依止《よりどころ》として無上正《すぐれたるさ》等覚《とりのくらい》を証得《えたま》えり。

是故《この》に当《まさ》に知るべし。般若《ちえ》の波羅蜜多《きわまり》はまこと妙《たえ》なる真言《まことば》なり。まこと明《さと》き真言《まことば》、無上《すぐれ》たる真言《まことば》、無等真言《たぐいなきまことば》なり。そは一切苦《よろずのなやみ》を能《よ》く除《とりのぞ》くものにして、虚《いつわり》なきの故に真実《しんじつ》なり。

しかれば般若《ちえ》の波羅蜜多《きわまり》に於て真言《まことば》はつぎの如く説かれたり。

行《あゆ》みては、行《あゆ》みては、彼岸《かのきし》にぞいたる。

菩提《ひとのよのめざめ》、ついに彼岸《かのきし》にいたることをえたり。

心経成立の要素

この心経はいかにして成立したであろうかという質問は、従来の心経講話に於ては、あまりあつかわれていなかったように思われます。しかし、心経の申す通り、「諸法は空相」ですから、本来、そのままのかたちであったものはないはずです。玄奘訳の、この「諸法」は原本では「一切法」とありますから、その道理を力説している般若心経の経典自身の成立の上にも適用せらるべきでありましょう。一体、どういう順序で今日のような心経が出来上がったでありましょうか。坊間流布《ぼうかんるふ》の心経には「仏説摩訶般若波羅蜜多心経」などと、いかめしく、いかにも釈尊がじきじきお説きになったような印象をあたえようとの格式をつけてはいますが、「仏説」とは釈尊の説かれたということで、一切蔵経に適用さるべきもの、およそ、厳密な意味では「経」の当然の性質です。この心経が釈尊の思想を中心とし、基本としていることは万人の認めるところで、誰でも一読して仏教の枢要であると気づくにちがいないのです。しかし、そうした場合の「仏説」ということは、二十五世紀も以前に印度に生れたゴータマ仏陀が親しく自分でペンなり筆でお書きになったものだとか、日記のようにつけて置かれたものとか、そういう風に考えての「仏説」などというものなら、この地上に一冊の仏説経典もあろうわけがないのです。このことはバイブルだって、コーランだって、論語だって、みな同じこと、ましてや古代印度では文字、筆写の方法が採用されたのはまさに釈尊時代でありまして、それも釈尊の言説を文字にするのはけがれありとして、最初は「如是我聞」（かくの如くわれきけり）という形式で大勢の弟子や信者が暗誦していたものでした。ところが、その後、三、四百年たって、印度に追々文字も発達し、その利用も普及したころにやっと、「経律論」の「三蔵《ぞう》」が文字になったのです。ましてや、こうした心経のような大乗（マハーヤーナ Mahāyāna）とよばれる経典は大分、釈尊の在世からおくれて出来たものですから、在世のものでないことだけはたしかです。第一、心経をよんでみますと、「苦集滅道」の四諦を空じているところがあるでしょう。「無無明」など「十二因縁」の教理を超越しているところに気づくでしょう。何にせよ、四諦、十二因縁というのは原始仏教というか、釈尊の根本教説が多少、時代と共に、形式化し、煩瑣《はんさ》化し神学化して俗に「小乗」（ヒーナヤーナ Hīnayāna）とよばれるようになってから、こうした「きざみ仏法」を打破して、ほんとうの、生き生きした釈尊の根本仏教にしようという仏教徒の願いが、この心経の生れてくる根本の素地であろうと思います。

ただ、しからば、一体この心経はいつごろどういう順序で成立したものであろうかということである。前にも羅什訳とつたえられている『大明呪経』のことについてのべたことがあるが、明《みん》の銭謙益《せんけんえき》集『般若心経略疏小鈔』というものの中に「隋法経衆経目録、衆経別生分摩訶般若波羅蜜神呪経一巻、出二大品経一」といっているというのであります。つまり、心経というものは大品般若波羅蜜多経から成立しているというのです。このことは何も明の銭謙益を待たずとも、『法経録』にきかずとも、どんな心経の註釈書をよんでも、心経と大品般若との関係は明瞭であります。とりわけ、玄奘の高足であった慈恩窺基の手になる『般若波羅蜜多心経幽賛《ゆうさん》』という上下二巻の心経の註釈書をよんでみますと、至るところに「大経」を引用しています。「心経」の意味を説明する最後のところでこういっているのです。

「大経は機に随って義と文ともに広くして受持し、伝習するもの、或は怯退を生ぜん。伝法の聖者、その堅実妙最の旨を録して別に此経を出だすなり」(大正蔵第三三、五二四a)

中々うまい言い方をしています。何しろ、大般若六百巻、大品《だいぼん》般若あり、小品《しょうぼん》般若あり、放《ほう》光《こう》般若あり、光讃《こうさん》般若あり、金剛《こんごう》般若あり、般若の名のつくものをあげるだけでも大変です。しかし、それは相手がいちいちちがっているし、時代も異っているからのこと、内容の教義も、形式の文章も広博莫大であるから、いちいち、これを記憶したり、これを弟子に、信者に伝習させることは容易の業ではない。おそらくは、途中でうみ、あき、退屈してしまうであろう。そこで「伝法の聖者」、誰とも、彼とも固有名詞としてはいっていないが、どうかして、この般若の大法を後代の人々に伝えようと願っている聖人が工夫して、大般若の堅実妙最のところ、つまり「心臓」(Hridaya)のところを書きぬいて、別にこの心経をまとめたというのです。

この『幽賛』の著者の言葉ほど、言わんとするところを言い得て妙なものはありません。

　玄奘の翻訳した心経を紹介したあと、これは玄奘が自分ひとりで訳したものではあるまい、多分、羅什の訳した大品般若の一節からヒントを得たのではあるまいかということをのべて置きました。そのとき一度引用したのですが、これは大切なところですから、今一度、くわしく皆様のお目に通して置きたいと思うのです。大経の「堅実妙最」とは、一体どんなところであるかということを知って置いて貰いたいのです。もとより、心経成立の要素となったものは相当にありますし、私の目のとどかないところに、尚、どれほどあるかわかりませんが、椎尾博士や梶芳博士の研究されたもの、乃至は、私の目に届いたものをここに多少整理してみようと思うのです。そのうち、何を措いても、羅什訳になった大品般若第三の習応品（大正蔵第八、二二三a、国訳大蔵経第二、三三）の一節を御紹介しましょう。これは昔から多くの註釈者が気づいている典拠ですから、この一文ひとつみても心経成立の大要を知ることが出来ると思います。

「舎利弗よ、色空の中に色有ること無し、受想行識空中に識有ること無し。舎利弗よ、色空の故に悩壊《のうえ》の相無し。受空《じゅくう》の故に受相《じゅのすがた》無し、想空《そうくう》の故に知相《ちのすがた》無し、行空の故に作相無し、識空の故に覚相無し、何を以ての故に、舎利弗よ、色は空に異ならず、空は色に異ならず、色は即ち是れ空、空は即ち是れ色、受想行識も亦《また》かくの如し。舎利弗よ、是の諸法は空相にして生ぜず、滅せず、垢《あか》つからず、浄《きよ》まらず、増さず、減ぜず。是の空法は過去に非ず、未来に非ず、現在にあらず、是の故に空中に色なく受想行識なく眼耳鼻舌身意なく、色声香味触法《しきしいうこうみそくほう》なく、眼界もなく、乃至、意識界もなし。亦無明《むみょう》もなく、亦、無明の尽きることもなく、乃至、老死もなく、老死の尽きることも無し、苦集滅道も無く、亦智も無く亦得もなし」

これは読者が一目して気づかれるように、玄奘訳の心経の第二節、「舎利子、色不異空、空不異色、色即是空、空即是色」以下、「無智亦無得」にいたる心経の中心部がほとんどそのままの形に於て見出されることです。前にも一言したように、玄奘訳心経とはほとんど一言一句、不増不減といってもいいほどに一致しているのです。これはこうした論理的の文章ですから、誰が訳しても同じものになるという一つの見方もありましょうが、そうはゆかぬ例を二、三われわれは持っている以上、羅什と玄奘との間には何か特別の関係があったものではなかろうかと考える。勿論、この羅什訳の大品般若の習応品は「色空の中に色有ることなし」以下、「色不異空、空不異色」にいたるまで、「舎利弗よ、色空の故に悩壊相なく、受空の故に受相なく」

以下、「識空の故に覚相なし」にいたる序説と、「不増不減」の下に「是の空法は過去に非ず、未来に非ず、現在に非ず」の三句を加えているが、さきにものべたように、これら玄奘訳の心経にない「舎利弗よ、色空なるが故に悩壊の相なく」以下の部分がことごとく、羅什訳とされている「摩訶般若波羅蜜大明呪経」の中にとり入れられているのです。こうやって考えて見ると、昔からいわれているように、心経は「大品経の別生」であり、某甲《それがし》の「伝法の聖者」がその大品の肝要と思われる、いわゆる、「その堅実妙最の旨を録して此経を別出す、故に三分二序をかく」といっているのです。初めから、読者に注意しているように、「心経」という名こそ「経」であれ、特に古い梵本には「経」の名さえない位の「別出」なのです。その要点をまとめたものです。勿論、だからと言ってこの心経の価値が少ないの、低いのというものではなく、いわゆる、型破りの経文であって、あとさき前後の格好などにひっかかるものでなく、単刀直入に、大事なことだけ言いまくって、さっとひき上げてしまうのが、この心経の本領だともいえるのです。

心経にこれほど一致する大品般若の部分はほかには今のところ見つからぬが、さりとて全然ないのではありません。多少、心経のにおいのするところが第十相行品（大正蔵第八、二三七b）

に見当ります。

「舍利弗、是色空爲レ非レ色、離レ空無レ色、離レ色無レ空、色卽是空、空卽是色、受想行識、空爲レ非レ識、離レ空無レ識、離レ識無レ空、空卽是識、識卽是空、乃至十八不共法空、……如レ是舍利弗、當レ知是菩薩摩訶薩、行二般若波羅蜜一、有二方便一是菩薩摩訶薩、如レ是行二般若波羅蜜一能得二阿耨多羅三藐三菩提一」

ここでは「色不異空、空不異色」の代りに「離空無色、離色無空」といっていますが、たとえ、その原文は同じではないようですが、その意味は一致していますし、そのあとは、「色即是空、空即是色」と同じです。あとの菩薩や成仏のところは、もとより、心経とは文相がちがいますけれども、「行般若波羅蜜」という文例が大般若のいたるところに見うけられますので、「行深般若波羅蜜多」ということが、決して心経の独特のものでないことを読者に知って貰いたいと思って、ここに出して置いたのです。

これは何も羅什訳の大品般若ばかりでなく、ほかのいろいろの大般若を巨細にしらべてみますと、心経に一致するもの、心経のにおいのするものなど、沢山にぶつかるのです。これは当り前のことで、魚介類が海からとれますから海のにおいがするのと同じことで、大般若は心経の故郷ですから、どの般若経典をよみましても、心経のかおりがするのは当然です。放光般若《ほうこうはんにゃ》は無羅叉《むらしゃ》の訳ですが、その第三の仮号品《けごうぼん》（大正蔵第八、六）の中にも「色即是空、空即是色」以下、「亦無十二因縁、亦無四諦、亦無所逮得」と心経に一致するところがあり、竺法護《じくほうご》というものの訳になる光讃般若の行空品《ぎょうくうほん》第三ノ一（大正蔵第八、一五三）をみましても「色自然空、色即為空」以下、さすがに訳し方は古調ですが、その内容は羅什の大品般若によく似たところがありまして、心経と通ずるものが沢山あります。それよりも、玄奘自身が訳した六百巻の大般若の中にも心経調が見うけられることです。たとえば、その第四百二巻第二分観照品《かんしょうほん》第三ノ一（大正蔵第七、一一c）をあけてみますと、さすがに心経と同じ調子で「舎利子、白仏言世尊、諸菩薩摩訶薩、云何修行般若波羅蜜多」とたずねているのです。心経とは一寸調子はちがいますが、こんな内容でこたえています。

「舎利子、菩薩自性空、菩薩名空、所以者何、色自性空、不由空故、色空非色、色不離空、空不離色、色即是空、空即是色、受想行識、自性空、不由空故、受想行識空、非受想行識、受想行識不離空、空不離受想行識、受想行識即是空、空即是受想行識……如是自性無生無滅、無染無浄」

心経とは表現はちがっていますが、色と空なり、五蘊と空との関係は同巧異曲とでもいいましょうか、いたるところに「色即是空、空即是色」が出ています。これは六百巻般若の観照品だけでなく、学観品《がくかんほん》第二ノ二（大正蔵第五、一七cなど）をあけてみても「色不離空、空不離色、色即是空、空即是色、受想行識、自性空」といった調子の句はいたるところに見うけられるのです。

ですから、「心経」とはいえ、その心経の中心思想というものは、何も心経という独立した経典をひもとかねば見当らぬというようなものではなく、「大品経の別出」といわれる位に、大品大般若なり、その他の多くの般若に見うけることの出来る般若特有の思想なのであります。ただ「菩提薩埵依般若波羅蜜多」以下の構成はいまのところ、そのままの順序でほかの般若経に発見することは出来ませんが、「大明呪、無上明呪、無等々呪」の表現は決してめずらしいことではないのです。羅什訳、大品般若の第三十四勧持品《かんじぼん》（大正蔵第八、二八六bc）にも、

「これ般若波羅蜜はこれ大明呪《だいみょうじゅ》、無上明呪《むじょうみょうじゅ》、無等々明呪《むとうとうみょうじゅ》なり。何を以ての故に世尊よ、是の般若波羅蜜は能く一切の不善を除き、能く一切の善法を与う。仏、釈提桓因《しゃくだいかんいん》に語りて言わく、如是《にょぜ》、如是《にょぜ》、憍尸迦《こうしか》よ、般若波羅蜜は是れ大明呪、無上明呪、無等々明呪なり。何を以ての故に、憍尸迦《こうしか》よ、過去の諸仏は是の明呪《みょうじゅ》に因っての故に、阿耨多羅三藐三菩提《あのくたらさんみゃくさんぼだい》をえ

たまえり。未来世《みらいせ》の諸仏も今現在十方の諸仏も、亦、是の明呪に因って阿耨多羅三藐三菩提《あのくたらさんみゃくさんぼだい》をえたまえり。是の明呪に因っての故に、世間に便ち、十善道有り」

と。心経にいう「故に知りぬ、般若波羅蜜多は是れ大神呪、是れ大明呪、是れ無上呪、是れ無等々呪なり」というのに順序まで一致しているばかりでなく、この場合の「呪」というのは密教でいう呪文そのものでなくして、呪文にもひとしい神力、霊力ありとの主張も完全に一致しているのです。般若波羅蜜多、すなわち、「智無極」というか、「智慧の完成」こそがいかなる呪文にもまさって一切の不善を除き、一切の善法をみちびき出す原因をなしているというのです。

この大明呪のことは同じく羅什訳の小品般若の明呪品(大正蔵第八、五四三b)にも「大明呪、無上呪、無等々呪」と出ている位で、決して、心経だけの独特のものではないのです。さっき引用した羅什の大品般若、第三十二品にある大明品(大正蔵第八、二八三b)には、一寸調子のちがった表現で、この「大明呪、無上呪、無等々呪」がとりあつかわれていますから、心経成立の大切な要素として一通り、目を通して置いていただきたいのです。

「復次《またつぎ》に、憍尸迦《こうしか》よ、是の善男子善女人、是の深般若波羅蜜を聞いて、受持《じゅじ》、親近《しんごん》、読誦《どくじゅ》、正憶念《しょうおくねん》、薩婆若《さわにゃ》（一切智）心を離れずんば、もしは毒薬熏《くん》を以て、もしは蠱《こ》道を以て、もしは火坑《かこう》を以て、もしは深水を以て、もしは刀殺《とうさつ》を欲し、もしはその毒をあたえんも、かくの如きの衆悪、みな傷《きずつ》く能《あた》わず。何を以ての故に、是の般若波羅蜜は是れ大明呪、是れ無上明呪なり。もし善男子善女人、是の明呪中に於て学せば、自ら身を悩まさず、亦、他を悩まさず、亦、両悩せず。何を以ての故に、是の善男子、善女人、我を得ず、衆生《しゅじょう》を得ず、寿命を得ず、乃至、知者、見者みな不可得《ふかとく》、色受想行識《しきじゅそうぎょうしき》を得ず、乃至、一切の種智得べからず。得ざるを以ての故に、自ら身を悩まさず、亦、他を悩まさず、亦、両悩せず、是の大明呪を学ぶが故に、阿《あ》耨多羅《のくたら》三藐三菩提《さんみゃくさんぼだい》を得」

この一節は大分、「大明呪」の密教的性格がほの見えてはいますが、後段にはっきり出ていますように、その「大明呪」というものはたとえ、その名前は「呪」であっても、どこまでもそれは比喩であって、「般若波羅蜜」つまり「完成された智慧」を意味し、空観に徹することに外ならぬのです。水火の難をうけても、悩むべき自我もなく、寿命もなしという心経の徹底した思想がそこに流れているのです。この「大明呪、無上明呪、無等々呪」という心経末段の密教的表現は決して心経だけのもっているものでなく、その「色即是空、空即是色」の中心思想と共に、すでに早く大品般若を初め、多くの大般若にとりあつかわれていることに気づくのです。ところが、般若経一般というものは理趣《りしゅ》般若を初め、密教系の般若を除いてはどこまでも主知主義、合理主義の立場をとるものですから、比喩的には「大明呪」ほどの力能が「智慧」にあるとは主張しながらも、「掲帝掲帝《ガテイガテイ》」の呪文は本格的の般若経には見当らないのです。ところが、『仏説陀羅尼集経』(十二巻)の第三巻(大正蔵第十八、八〇七b)に「般若大心陀羅尼第十六呪曰」として心経の呪文が出ているのです。これは「唐の阿地瞿多《あじくた》」という者の訳になっているのです。

「跢姪他一掲帝掲帝二波羅掲帝三波羅僧掲帝四菩提五莎訶六

是大心呪、用大心印、作諸壇處一切通用」

さらにつづいて、

「般若小心陀羅尼呪曰

跢姪他一掲帝掲帝二波囉民掲帝三波囉若他四莎訶五

用小心印通一切用」

これによってみると、般若に大心呪と小心呪があったものらしく、われわれが、いま、あつかっている般若心経の最後に示されているものは、その内の大心呪と思われ、しかも初句にあたる「哆姪他」を除いた部分ということになるのです。ちょっと考えると、この陀羅尼集にこの心経の呪文を引用してあるので、ひょっとしたら、心経から採用したのではないかとも思われるが、何にしろ、この陀羅尼集経というのは、訳者の阿地瞿多《あじくた》という人が長安にやってきたのが、玄奘が心経を誦出したということになっている唐の貞観二十三年（西紀六四九年）の翌翌年、永徽二年（西紀六五一年）であり、翻訳に着手したのが四年の三月十四日、完訳が翌年（西紀六五四年）の四月十五日と序文に明記してあるので、玄奘訳の心経、つまり、あの有名な「掲帝《ガティ》掲帝《ガティ》」という呪文ののっている心経の成立と前後して、陀羅尼集経にもほぼ同じ呪文が訳出されたわけです。ですから、玄奘訳の心経から採用するわけもなく、相当に以前からこの呪文が般若大心陀羅尼として中天竺方面に流行していたことが想像されるのです。とはいえ、この呪偈《じゅげ》は心経にとって中心的の役目をもつものではなくして、「般若波羅蜜多」の効用、功能が「大明呪」にも比較されたということが前提ではなかったかと思います。ですから、「掲帝」の呪文がかりにこの心経になかったところで、決して致命的な損害ではなく、むしろ、「なかったらどんなに面白かったろうに」とも思われる向きもあるのですが、すでに、「智慧の完成」の能力を「大明呪」にも匹敵するものとして称讃した以上、俗人大衆のためには何らかの具体的な格好をつける必要があったのではないかと思います。いつごろ、この呪文がくっつきましたものか、もとより、後世のわれわれがあれこれいえるものでも、きめられるものでもありませんが、とにかく、心経の中心思想、つまり「大品の精要」が摘出、別出されてから以後の仕種《しぐさ》にちがいないと思います。

心経成立の要素として、今一つどうしても考えねばならぬことは、「観自在」という一菩薩がこの心経の中心人物として登場したことと、とくに、冒頭にこの菩薩が大きな役割を演じていられることです。もとより、梵文と比較するとき申上げたように「度《ど》一切《いっさい》苦厄《くやく》」という五文字は大小いずれの梵本にもないのですから、観自在菩薩の効験がうち消されているようにも思われますが、玄奘がとくに、原本にあったろうとは思いますが、「度一切苦厄」という五字を加えているということは、いよいよもって、心経の冒頭にこの菩薩が登場しなくてはならぬわけがあるのではないかと思います。もし、心経の最初に多くの仏教徒の関心の対象である、この観自在菩薩が登場しなかったと想像してみると、おそらく、この心経はずっと昔にどこかへ葬り去られていたろうと思われます。勿論、おわりの大明呪も、観自在菩薩も加えてではありますが、二百六十字の心経はこの首尾を除いては全く理窟ばかり、砂をかむようなというか、大品の般若経も無味乾燥な経文です。「諸菩薩摩訶薩修行般若波羅蜜多時」のはてしもない、くりかえしです。ときたまには「諸菩薩摩訶薩如是修行甚深般若波羅蜜多」と、「甚深《じんじん》」がはいったり、「安住《あんじゅう》」となったり、「方便《ほうべん》」が加わったりする程度で、何としても古代印度人の単調に対する忍耐ぶかさに感心せざるを得ないのです。ドイツのラッセンという印度考古学者がその大著の中に、印度人というものは、そうした長たらしい経文のくりかえしの中に法悦を感じていると指摘していることは興味あることです。しかも、何百回何千回と出てくる「諸菩薩摩訶薩」はことごとく普通名詞であって、誰彼という固有名詞がついていないのです。しかるに、心経はのっけから固有名詞の「観自在菩薩行深般若波羅蜜多時」にはじまっているのです。この「行深般若波羅蜜多時」という形式は耳にたこの出来るほど、目にあきるほど大部般若経の諸経典にくりかえされているのです。ところが、「観自在」という特定の人物の名前をもってはじまっているところに、この心経が多くの人々の耳をそば立て、目をひくのです。勿論、玄奘訳六百巻大般若の初分縁起品には賢守菩薩摩訶薩《けんじゅぼさつまかさつ》以下四十人ほどの菩薩名がのっているし、その中に「観自在菩薩摩訶薩」の名称もさがし出せるのですが、こうした固有名詞の出るのはめずらしいことで、あとはただ釈尊が説法のときに、ちょうど心経では「舎利子」とよびかけの相手があるように、二、三人の弟子や帝釈天の呼名が出るだけ、あとはただはてしもない理論と教理のたたみかけです。それだけに、ここに突如として心経の冒頭に何の前置きもいわずに、さっと、「観自在菩薩」と出てきたのですから、万人の耳目をさらったのも無理はありません。おそらく、もし、末尾の呪文と、この冒頭の観自在菩薩の登場がなかったら、今日心経のもっているおどろくべき普及力というか、人気というものはありえまいと思います。ただ漠然と、ある菩薩摩訶薩が「深般若波羅蜜多」を修行したという程度では大般若のいたるところに見うけられるところで、別段、一般の注意をひくものではありません。特定の観自在菩薩に「照見五蘊皆空」をさせたところに妙味があるのです。勿論、この「照見五蘊皆空」とても別段、とり立てて珍らしいことではなく、すでに心経成立の中心要素として引用した大品その他の大部の般若を一目すればわかるように、至るところに「色受想行識」の五蘊が、そして、その空想がとりあつかわれているのです。もとより、「色受想行識」という訳例は偶然にも羅什と玄奘に一貫するところであるが、放光般若の訳者——無羅叉《むらしゃ》——は色痛想行識と訳し、光讃般若の訳者——竺法護《じくほうご》——は「色、痛痒、思想、生死、識」と訳しているちがいがあることだけは注意すべきです。

ここで問題になるのは、どうしてここで観自在菩薩が特定の菩薩として登場してこられたかということであるが、勿論、これは『心経幽賛』の著者のいわゆる「伝法の聖者」にたずねるほかに方法はないけれども、おそらくはこの別出経たる心経の成立する時代なり、その背景をつくっていた社会なりが、観自在菩薩の信仰をつよくもっていたろうという以外に説明の方法はありません。この心経の中心思想そのものからいえば、何もこうした民間に信仰されていた特定の菩薩を登場させる必要はなかったのです。けれども、摂化利生《せつけりしよう》の方便にたくみな「伝法の聖者」の意図は小理窟に骨ばった心経の中心思想にふくよかな肉をつけるために、とりわけ、また、心経のもっている大乗仏教の積極性、ことに、利他の大悲を表現するためには、観自在菩薩は格好な存在であったにちがいないのです。仏教哲学のぎりぎり決着をとりあつかっている心経に出てくる観自在菩薩は、その小むずかしさを緩和するために、末尾の呪文と共に、つよく、宗教的に、むしろ、神秘的なひびきをもっているようです。今日の大正大蔵経第八巻におさめられている燉煌《とんこう》石室からスタイン博士がさがし出した『唐梵翻対字音般若波羅蜜多心経』一巻はわれわれ心経を研究するものには非常に興味のふかいもので、とりわけ、梵本と対照するにはいろいろ役に立つのです。勿論、どうしたことか一ページほど重複はありますけれども、玄奘が「以無所得故」と訳した原語が法隆寺本にはないのに、ここに発見されるなど興味のある文献でありますが、ことに、「梵本般若波羅蜜多心経」という題辞のあとに「観自在菩薩与三蔵法師玄奘親教授梵本不潤色」と書きそえてあることです。つまり、この梵本は観自在菩薩が親しく自分で玄奘に教授したというのです。もっと神秘的な伝説はその序文である。「梵本般若多心経は大唐三蔵の訳する所なり」という書き出しで、玄奘が天竺に渡ろうと志して益州《えきしゅう》の空恵《くうえ》寺に宿泊したところが、一病僧が三蔵の雄志をたたえて、「われに三世諸仏心要法門あり、師もし受持せば保ちて来往すべし」とて玄奘に心経を口授したという物語です。しかも玄奘が中天竺のナーランダ寺の経蔵をめぐっているとたちまち以前の病僧にめぐり合せ、それが観音菩薩——なぜここで観自在といわないかが疑問であるが——であったという霊験記がしるされているのです。『原始般若経の研究』の著者は忠実にもこの口授せられた空恵寺心経がいわゆる羅什本で、かえってから出来たのが玄奘訳だと説明していられるが、羅什訳心経というもの自体がすでにうたがわしいことはさきに述べた通りだし、こうした霊験物語を真剣にむきになってあげつらねるべきものではないのです。支那の空恵寺にいた病僧が中印度のナーランダ寺で再会し、それが観音菩薩であったなどということは伝説以上の何物でもなく、これに史的考証を与えることはつまらぬことです。ただ、いかに、心経という仏教哲理中心の経文に観自在菩薩の信仰がつよくつきまとっているかを知ればいいのです。ただ、玄奘が心経の梵本をどこから将来してきたろうかという推定には、この摩竭陀国那爛陀寺《まかだこくならんだじ》という地名が何の意味もないとはいえないと思います。だからといって、心経の梵本の出処は史学的に中印度に限定されるべきものでもありません。どこか、観自在菩薩の信仰のつよい地方、また、密教の呪文が珍重されていた地方、もとより大部般若がさかんに流行していたところに「伝法の聖者」が出現して、この心経を別出させたと見るべきでしょう。ひとによりますと、簡要な心経がさきに出来てから大部般若が増広されたと見る向きもありますが、自分は心経成立の諸要素を分析してみて、『幽賛』の著者の見解にしたがいたいと思います。

註一　「色不異空、空不異色、色卽是空、空卽是色、受想行識亦如是、舍利弗、是諸法空相、不生不滅、不垢不淨、不增不減……是故空中無色無受想行識、無眼耳鼻舌身意、無色聲香味觸法、無眼界乃至無意識界、亦無無明、亦無無明盡、乃至亦無老死、亦無老死盡、無苦集滅道、亦無智亦無得」（羅什譯大品般若第三習應品　大正藏第八卷　二二三a）

註二　摩訶般若波羅蜜大明呪経

後秦三蔵鳩摩羅什訳

観世音菩薩、行二深般若波羅蜜時一、照見五陰空度一切苦厄、舎利弗色空故、無二悩壊相一 受空故無二受相一 想空故無二知相一 行空故無二作相一 識空故無二覚相一 何以故、舎利弗、非二色異一レ空、非二空異一レ色、……是空法非二過去一 非二未来一 非二現在一……（大正蔵第八、八四七c）

註三　Namaḥ sarvajñāya

Āryāvalokiteśvara-bodhisattvo gaṃbhīrāyāṃ prajñāpāramitāyāṃ caryāṃ caramāṇo vyavalokayati sma/pañca skandhāḥ/taṁś ca svabhāva-śūnyān paśyati sma/Iha Śāriputra rūpaṁ śūnyatā śūnyatāiva rūpaṁ rūpān na pṛithak śūnyatā śūnyatāyā na pṛithag rūpaṁ yad rūpaṁ sā śunyatā yā śūnyatā tad rūpām.

Evam eva vedanā-saṁjñā-saṁskāra-vijñānāni.

Iha Śāriputra sarva-dharmāḥ śūnyatā-lakṣaṇā anutpannā anirūddhā amalā na vimalā nonā na paripūrṇāḥ.

Tasmāc Chāriputra śūnyatāyāṁ na rūpaṁ na vedanā na saṁjnā na saṁskārā na vijñānāni. na cakṣuḥ-śrotra-ghrāṇa-jihvā-kāya-manāṁsi. Na rūpa-śabda-gandha-rasa-spraṣṭavya-dharmāḥ.

Na cakṣurdhātur yāvan na mano-vijñāna-dhātuḥ.

Na vidyā nāvidyā na vidyā-kṣayo nāvidyā-kṣayo yāvan na jarā-ṃaraṇaṁ na jarāmaraṇa-kṣayo ṇa duḥkha-samudaya-nirodha-mārgā na jñānaṁ na prāptir aprāptitveṇa.

Bodhisattvasya prajñā-pāramitām āśritya viharaty acittāvaraṇaḥ.

Cittāvaraṇa-nāstivād atrasto viparyāsātikrānto niṣṭha-nirvāṇaḥ.

Tryadhva-vyavasthitāḥ sarvabuddhāḥ prajñāpāramitāṃ āśrityānuttarāṁ saymaksaṁbodhim abhisaṁbuddhāḥ.

Tasmāj jñātavyaḥ prajñā-pāramitā-mahā-mantro mahā-vidyā-mantro 'nuttara-mantro 'samasama-mantraḥ sarvaduḥkha-praśamanaḥ satyam amithyatvāt prajñāpāramitāyām ukto mantraḥ.

Tad yathā gate gate pāragate pārasaṁgate bodhi svāhā./

Iti prajñā-pāramitā-hṛidayaṁ samāptam.

註四

PRAJÑĀ-PĀRAMITĀ-HṚIDAYA-SŪTRA

ADORATION TO THE OMNISCIENT!

The venerable Bodhisattva Avalokiteśvara, performing his study in the deep Prajñāpāramitā (perfection of wisdom), thought thus: 'There are the five Skandhas, and these he considered as by their nature empty (phenomenal)'.

'O Śāriputra,' he said, 'form here is emptiness, and emptiness indeed is form. Emptiness is not different from form, form is not different from emptiness. What is form that is emptiness, what is emptiness that is form.'

'The same applies to perception, name, conception, and knowledge.'

'Here, O Śāriputra, all things have the character of emptiness, they have no beginning, no end, they are faultless and not faultless, they are not imperfect and not perfect. Therefore, O Śāriputra, in this emptiness there is no form, no perception, no name, no concepts, no knowledge. No eye, ear, nose, tongue, body, mind. No form, sound, smell, taste, touch, objects.'

'There is no eye,' &c., till we come to 'there is no mind.'

(What is left out here are the eighteen Dhātus or aggregates, viz. eye, form, vision; ear, sound, hearing; nose, odour, smelling; tongue, flavour, tasting; body, touch, feeling; mind, objects, thought.)

'There is no knowledge, no ignorance, no destruction of knowledge, no destruction of ignorance,' &c., till we come to 'there is no decay and death, no destruction of decay and death; there are not (the four truths, viz. that there) is pain, origin of pain, stoppage of pain, and the path to it. There is no knowledge, no obtaining (of Nirvāṇa)'.

'A man who has approached the Prajñāpāramitā of the Bodhisattva dwells enveloped in consciousness.* But when the envelopment of consciousness has been annihilated, then he becomes free of all fear, beyond the reach of change, enjoying final Nirvâṇa.

'All Buddhas of the past, present, and future, after approaching the Prajñāpāramitā, have awoke to the highest perfect knowledge.'

'Therefore one ought to know the great verse of the Prajñāpāramitā, the verse of the great wisdom, the unsurpassed verse, the peerless verse, which appeases all pain—it is truth, because it is not false—the verse proclaimed in the Prajñāpāramitā: "O wisdom, gone, gone, gone to the other shore, landed at the other shore, Svāhā!" '

Thus ends the heart of the Prajñāpāramitā.

---

* See Childers, s. v. cittam.

第二講　観自在の登場

観自在菩薩《かんじざいぼさつ》　行深般若波羅蜜多時《ぎょうじんはんにゃはらみたじ》　照見五蘊皆空《しょうけんごうんかいくう》　度一切苦厄《どいっさいくやく》

観自在菩薩《かんじざいぼさつ》は、深般若波羅蜜多《じんはんにゃはらみた》を行《ぎょう》じ玉《たま》える時《とき》、五蘊《ごうん》は皆空《かいくう》なりと
照見《しょうけん》して、一切《いっさい》の苦厄《くやく》を度《ど》したまえり

菩薩 (Bodhisattva) の出現

釈尊《しゃくそん》は家をすて王位の約束をふりきって出家せられ、三十五歳でついに菩提樹下で成仏せられたのですが、この成仏以前の釈尊のことを「菩薩」――求道者の意――と呼んだのは釈迦在世からであったようです。しかし弟子や信者にとって、釈尊の菩薩時代の生活内容については不思議に思われたにちがいない。「どうしてあれだけの崇高偉大な仏陀になられたろうか。それにはそれだけの原因がなくては」と菩薩の内容は仏陀信仰の強化と共にいよいよ深まって来、いわゆる釈尊は前世で五百生を貫いて慈悲の行為、利他行がなされたとする本《ほん》生物語《じょう》（Jātaka ジャータカ）としての仏教文学運動に発展して行ったのです。その間に「菩薩」はただひとり釈尊の成仏以前をさすのでなくて、万人にも解放された普通名詞となり、誰でも凡そ、人類救済の英雄的行動をするものは菩薩となることが出来、やがて成仏出来るのだという思想が大乗仏教の陣営から起ってきたのです。一方、布施《ふせ》・持戒《じかい》・忍辱《にんにく》・精進《しょうじん》・禅定《ぜんじょう》・智慧《ちえ》という六つの徳目のうち、どの一つでも完成（波羅蜜多 Pāramitā）すれば、万人ひとしく成仏しうるという大乗運動が起って、さきの菩薩思想をいよいよ発展させたのです。六波羅蜜の第六番目の智慧（般若 Prajñā）の完成によって菩薩は成仏することが出来るという信仰は、かくして当然ここに生れて来ねばならなかったのです。その英雄的救済事業を、智慧の完成と共に実行された一つのお手本がここに登場する「観自在菩薩」です。従ってこれは釈尊の如き歴史的人物ではなく、仏教文学に理想の人物として登場する一宗教的英雄であり、かつ、われわれ凡夫の身代りにとび出したピンチヒッターでもあります。

貫禄のついた観自在菩薩

般若心経というものは、第一講にすでにのべましたように、普通の経典の約束を守らずに藪から棒が出るように、真先きから「観自在菩薩行深般若」にはじまっているのです。法隆寺につたわった古貝葉《こばいよう》をみても、さては、例の燉煌《とんこう》の石室から発見された漢音訳の「唐本般若波羅蜜多心経」をよみましても、この心経一巻の説者が必ずしも観自在菩薩とはいいきれないのです。第三講のまっさきに出るところの「舎利子」という呼びかけは、多くの大般若の例に従えば釈尊からにきまっているのです。ところが、一八八四年にイギリスのマックス・ミューラー博士が法隆寺所伝の梵本を発表し、それにつけた英訳によりますと「イハ」(iha) という梵語の下に「彼は語る」という英訳をつけているのです。この「彼」はその前段に「観自在菩薩」が五蘊皆空《ごうんかいくう》の道理を照見したことが述べられているので、自然まごうかたなく観自在菩薩が舎利弗《しゃりほつ》によびかけたことであり、この一経の説き手はこの菩薩であるということになるのです。ところが、この「イハ」(iha) という字は「ここに於て」ということを意味するもので、「彼は告ぐ」とは解しえないのです。榊《さかき》博士もさきに紹介したように「此の世界に於ては」と二度も訳していられますし、私共「国語経典編纂委員会」で訳した心経に於ても「この世に於ては」と出して置いた通りです。燉煌石室に見出された梵漢対照の心経に於ても「伊賀」(iha) の下には「此」という字を二度ともあたえていますから、この「イハ」の解釈はこの石室本の出来たころからくるってはいなかったと思われます。ところが、梵語学者として有名なマックス・ミューラー博士がなぜ「彼は語る」と訳したのでありましょうか。これについて思いあたりますことは、博士は法隆寺所伝の梵本を刊行するときに、元禄七年(一六九四)に署名した東都霊雲寺の沙門釈浄厳《じょうごん》の跋文《ばつぶん》をのせているが、そのとき博士は浄厳が法隆寺に伝わった貝葉梵本を原字の通り正写し、これに訳語を加えているのを見られ、かつ、これを巻末に刊行していられるのです。その中で浄厳は「伊可」(iha) の下に「告」という訳字を出しているのです。しかし、この浄厳の訳例は澄仁本、玄奘本、観修寺本、御室本にも一貫するもので、浄厳はおそらくこれらの先例にもとづいて「告」と訳したのでありましょう。しかし、さすがに、慈雲はこの「イハ」(iha) の下に燉煌石室本と同じく「此」と訳しています。皆さんは、私がこんな一字のことに血道をあげて論じていることにうるさく感じていられることと思いますが、この心経の説者、つまり、「舎利子よ」とよびかけたのが誰であるかということは相当に重要な意味をもっているのです。これは前講でもお話ししたように、心経というものの成立した順序や、その要素からして、「観自在菩薩行深般若波羅蜜多時、照見五蘊皆空度一切苦厄」という調子は心経だけよんだ方には「観自在菩薩」の特殊の出来事のようにうけとりますが、大般若を一読した者にはこれは通途《つうず》の方式であって、何のめずらしい様式ではないのです。これは釈尊が普通の菩薩、つまり、求道者の修行ぶりをさらさらと述べてゆかれたにすぎず、そこで「舎利子よ」とかかってくるところなのです。ところが、第一講でもいいましたように、なまじいに、固有名詞の「観自在」などという特定の菩薩を登場させてしまったところに、心経の普及、流通には大きな力にはなりましたが、中心の教理そのものからいいますと、うっかりすると、ゆがんでしまったともいえるのです。本来、心経の成立順序からいえば、ある菩薩として観自在が登場してきたのに、観自在菩薩の御名が高すぎ、一般に知られすぎているところから、この心経は観音経のように観自在菩薩を中心とする経典のような印象をあたえるようになり、とうとう、後世には一般の経文の格好をつけるために、序分《じょぶん》、流通分《るずうぶん》という体裁が出来上がり、観自在菩薩が中心になって、「舎利子よ」とよびかけるように変化してしまったのです。

ですから、前にもいいましたように、小型の心経に対して、大型の心経が出来てきたのです。梵本の方も、だから、古いのと、新しいのと、二通りあるわけです。その大型の心経というものを見ると、ちゃんと、次のように立派な心経としての貫禄を示しているのです。

「かくの如くわれ聞けり。一時、仏、王舎城《おうしゃじょう》の耆闍崛山《ぎじゃくっせん》の中に在して大比丘衆《だいびくしゅ》及び大菩薩衆とともなりき。時に仏世尊、即ち三昧《さんまい》に入り玉う。広大甚深と名《なつ》く。その時に衆の中に菩薩摩訶薩あり、観自在と名《なつ》く。深般若波羅蜜多を行ずるとき五蘊皆空《ごうんかいくう》なりと照見したまえり。諸の苦厄を離る。その時に舎利弗、仏の威力を承《う》けて合掌し恭敬して観自在菩薩摩訶薩に白して言く、善男子、もし甚深般若波羅蜜多の行を学せんと欲する者あらば云何んが修行せんと。かくの如く問い已んぬ。その時観自在菩薩摩訶薩、具寿《ぐじゅ》舎利弗に告げて言く、舎利子よ、若し善男子、善女人、甚深般若波羅蜜多の行を学せんと欲せば、応に五蘊の性空《しょうくう》なりと観ずべし。舎利子よ、色は空に異ならず、空は色に異ならず……」

これからあとは玄奘訳の心経と全く同じ、そして掲帝掲帝《ぎゃていぎゃてい》の大明呪まで寸分たがわぬ一致を示しているのですが、そのあとに又、おひれがついているのです。

「かくの如く舎利子よ、諸の菩薩摩訶薩は甚深なる般若波羅蜜多の行に於てかくの如く行ずべし。かくの如く説き已んぬ。その時世尊は広大なる甚深の三摩地《さんまじ》より起《た》って観自在菩薩摩訶薩を讃じて言く、善いかな、善いかな、善男子、かくの如く汝が説くところの甚深般若波羅蜜多の行、まさにかくの如く行ずべし。かくの如く行ずる時、一切如来皆悉《ことごと》く随喜《ずいき》し玉う。そのとき世尊、この語を説き已って具寿舎利《ぐじゅしゃり》弗《ほつ》大喜充遍《だいきじゅうへん》し観自在菩薩摩訶薩も亦大いに歓喜す。時に彼の衆会の天人阿《あ》修羅《しゅら》乾闥婆《けんだつば》等《とう》、仏の所説を聞き皆大いに歓喜し、信受し、奉行したてまつりき」

で結んでいます。これは沙門般若の訳するところの般若波羅蜜多心経でありますが、燉煌から発見された沙門法成訳の『般若波羅蜜多心経』は、ほぼこれと内容が一致しているようです。ただ、般若訳の心経には「舎利弗」と「舎利子」の統一がなく、「照見五蘊皆空」のあとに、「離諸苦厄」という一句が付加されているところは、いかにも玄奘訳心経の臭味が残っているのに、法成のは「舎利子」の一本で通しているし、「照見五蘊体性」のあとに、「悉皆是空」というだけで、「度一切苦厄」だの、「離諸苦厄」だのの付加物が見当らぬのです。そこへゆくと、沙門法月の重訳するところの『普遍智蔵般若波羅蜜多心経』には、観世音菩薩と共に文殊《もんじゅ》師利《しり》や弥勒《みろく》の諸菩薩を上首とし、「普遍智蔵《ふへんちぞう》」と名づくる「般若波羅蜜多心」が菩薩にあることなどを述べる点、前二者や大型の梵本と大分ちがっているところがあります。とはいえ、大体に於て、最初の素朴な心経では、誰が「舎利子よ」と呼びかけたかはっきり誌されていないほど、この経典の主人公がぼんやりしていたのに、こうした増広され、整理された大心経に於ては、観自在菩薩がつよい威厳をもって出現し、君臨し、何か宗教的な圧力がかかってきているようです。しかし、さきにも申上げたように、ここに登場する観自在菩薩は舞台効果をねらっただけのことで、心経そのものの価値、内容からいえば、さして変化はないものと思われます。

聖なるもの

原文をよんでみますと、「聖なる観自在菩薩は」(Aryāvalokiteśvarabodhisattva) とあります。玄奘はどういうわけか知りませんが、この「聖なる」という形容詞を訳しておりません。しかし、宗教上、この「聖なる」とか、「神聖なる」という言葉は非常に大切な言葉でして、今日では、宗教の定義にまでも「聖なるもの」ということがいわれています。日本でも中世時代に於ては、「ひじり」ということが人間についていわれ、ひきつづき今日までも、「上人」とか、「聖人」とかいう表現があります。世俗的のものに対照してよばれる「神聖なるもの」という場合もありましょうし、「真」でも、「善」でも、「美」でもなく、それらを綜合した意味での「聖なるもの」ということが考えられるのです。ドイツの宗教哲学者などは、とりわけ、この神聖なるもの、その前に畏敬を感ずるものを宗教の定義にしようとしています。ですから、心経は観自在菩薩の人格、行動の中に神聖なるものを見出したわけです。中世時代のひ、じ、り、というのは独身の世捨人のことです。地上の名利にとらわれず、肉食もせず、山林にしたしみ、雲水をともにしていた人々のことをいうのでしょう。しかし、心経が神聖なものとして崇敬するのは、そんな隠遁的な人物ではなかろうと思います。「観自在菩薩」という「観自在」ということも、「菩薩」ということも、そんな消極的の意味をもってはいないだろうと思います。「菩薩」(Bodhisattva)という言葉は、文字通りに訳しますと、「さとりを求める人物」(覚有情)ということで、決して山林に隠遁した世捨人をさすのではないのです。釈尊の滅後、いつの間にかそうした捨世遁世の風潮がつよくなり、そういう高踏的生活の中に「神聖感」をいだくようになったものですから、こうした小乗的仏教、出家比丘中心の仏教を打開するために起ったのが大乗仏教であり、菩薩仏教なのです。ですから、大乗仏教とはある意味に於ては「有髪の仏教徒」の運動だともいえるのです。在家の仏教者のグループともいえるでしょう。心経はこの新しい仏教運動の伝単であり、パンフレットなのです。ただ、ありがたそうな、旧式の仏教の中に「神聖感」を見出さずに、新しい、ほんとうの真理の中に釈尊のおすがたを再発見しようという新運動の宣言にも比すべきものです。したがって、それは新しい調和でもあったわけです。「真善美」の三つを新たに綜合した調和をもった人格者を尊敬する運動であったでしょう。それは、今から二十五世紀以前に印度に出現した釈尊の御風格であったわけです。五人の比丘が何としても尊敬せずにいられなかった御人格であったにちがいありません。それと同じい神聖感をもった観自在菩薩は、今ここに心経の巻頭に立ったわけです。それは決して彫刻に見るような偶像の観自在ではないのです。出来上がった仏、菩薩ではありません。お賽銭をあげれば御利益を下さるというような、甘い観自在菩薩ではありません。われわれと、少しもちがわない人間としての観自在です。現代に住むわれわれに、「このひとこそ」と仰がれる、そこに、「聖なる」感じをうけとりうる人物です。

観世音という名

「自在」(īśvara) を観ずる求道者ということについては後に話すことにして、初めに「観世音」という名について二、三述べたいと思います。「観自在」というと、少々いかめしく私共にひびきますが、「観世音」の名はわれわれに親しみもふかいし、かつ、何となくほほえましい気持もわいてくるのです。何か、さっきいった「聖なる」という形容詞にふさわしい気がいたします。「観自在」も「観世音」も原語に二つはなかったろうと思われています。「自在」という原語と、「音」という原語とが非常に似ていることが、こうした二つの訳語を生み出した原因でもありましょうが、「観世音」という訳の方がその名の含んでいる思想の深さが格別味わいがありますので、今日でも、一般大衆は「観自在」といわずに、「観世音」、もしくは、さらにこれを略称して、「観音」の名に親しみを感じているのは、その名前の含んでいる深い宗教味によるのではないかと思います。さっきも申したように、アヴァローキテーシュヴァラ(Avalokiteśvara)という原語から、どういういきさつで「観世音」になったかの文法上のことはどうあれ、「世音を観ずる」ということがその人柄を示すものとしたら、何というらやましいことでありましょうか。つねに世論、世間の輿論に耳をかしているということは、よほどその人間がつねに謙虚な生活態度を持していることでなくてはなりません。世間の大衆がどういうことを考えているのだろうか、今日の青年男女はどういう思想傾向をもっているだろうか、下層の人々は一体どのような生活をいとなんでいるのだろうか、この世界はどっちに向っているのだろうか、こうした世情につねに敏感であるということは現代人に於ても尊敬にあたいすることです。それはただに「観自在」の異名の一つである「観世音」の名にふさわしいばかりでなく、こうした心境にいることが、「菩薩」といわれるわけです。自分の生長や利益ばかりを考えているのではなくして、隣人の幸福を、世間の福祉を願っているものとして当然のことです。般若波羅蜜多を行ずるというも、「五蘊《ごうん》」というわれわれの身心が決していつも固定したものではなくして、一瞬一刻といえども、同じ状態ではいないと思えばこそ、世態人情に耳をかし、「観世音」の中に神聖感を見出すわけです。ですから、「聖なる」ものの内容は「観自在」であり、「観世音」であり、「菩薩」であり、「行深般若波羅蜜多」であり、「五蘊皆空」と照見することなのです。もし、それ、玄奘訳にある「度一切苦厄」という一句を採用するとすれば、「観世音」なればこそ、どこに苦厄があり、どこにその救済法があるかを工夫する利他行も出てくるわけです。ですから、この一連の思想は二枚折、四枚折の屏風《びょうぶ》のようなもので、つぼめれば「聖」の一字、「皆空」の二字にもなるでしょうが、ひろげれば「行深般若」となり、「観自在菩薩」となってくるのです。どの一句も単独ではありえず、みんなむすびついているのです。

観自在という名

いままで、「観世音」という名のもっている宗教的意味についてのべましたが、この名前は玄奘がひどくきらって、文字通り、原本から「観自在」と訳しあらためたのです。「自在」については玄奘の弟子の慈恩が『心経幽賛』という註釈書（大正蔵第三三、五二四）の中に「十自在」を出しています。「一には寿自在、能く命を延促する。二には心自在、生死に染むことなし。三には財自在、能くねがいに随って現われ、施の所得に由る。四には業自在、ただ善事を作して他にすすめてなさしむ。五に生自在、欲するに随って能く往く、戒の所得に由る。六に勝解《しょうげ》自在《じざい》、よく欲に随って変ず、忍の所得に由る。七に願自在、観に随ってねがうところ成る、精進の所得に由る。八に神力自在、最勝なる通を起す、定の所得に由る。九に智自在、言音慧に随う。十に法自在、契経《かいきょう》等に於て、慧の所得に由る」と説明しています。中には戒・定・慧・心の四自在をのべているものもあります。しかし、「自在」ということは今日の言葉で申せば、何物にも束縛せられずに、自由に悠々《ゆうゆう》と云為行動することではないでしょうか。ある註に自在は「無縛」の義とあっさり説明しているのも面白いではありませんか。ですから「観自在」という菩薩の名称は、何も、『幽賛』の説明したような十自在のすべてを具足しているところの超人、聖者をさしているのではなく、ひそかに、そうしたものを理想として、つまらぬことにひっかからぬ人柄、人法の二空に徹して、いかなる法執（思想のとらわれ）、法縛（教理のとらわれ）

もうけず、いわば、五蘊の皆空を照見して、深般若を修行される人物をさしているにすぎません。大体、根本仏教に於ては、「自在」の思想そのものをきらっているのでして、この世の中に手離しに自由、自在などというものは神話の世界のほかにはないものと考えたのです。生命ひとつだってわれわれ人間は文字通りに自由自在にはならぬのです。ただ、死すべきおのが生命の今日辛うじてあたえられていることを深く感謝することを教えているだけです。おのれの自由自在にならぬ生命を自由自在にしようとしないところに、むしろ、一つの自在を感じているのです。ですから、「自在」というものを無条件に要求することは、支配欲や権力欲ばかり増加するものとして、むしろ、反省をうながしているくらいです。ですから虫のいい「自在」を要求するひとは、「観世音」と反対の方向にすすんで行ってしまうのです。自然、仏教に於て正しくうけとるところの「自在」というものは、自分の欲望、煩悩、偏見などから解放され、自由にされてゆくという意味での「観自在」であります。そうなってきてこそ、「聖なる」という形容詞も深般若も五蘊皆空も一枚になってくるわけです。

観自在は自己

「観世音」といい「観自在」といおうと、要は仏道修行者の固有名詞にすぎません。それに最初から申上げている通り、ここは誰でもいいのです。別段、特定の固有名詞をかりて来なくても、普通名詞の「菩薩摩訶薩」、つまり求道者、学人でいいのです。してみると、それは「一切の行人」のことです。かりに、「観自在菩薩」の名をかりてきてあっても、それは別段、過去の人でも、未来の人でもなくして、ぎりぎり決着、現在の一切の行人、学人のことです。『止啼銭《ていせん》』という心経の註釈書にも「観自在は汝諸人なり」といいきっています。わたしたちのことであり、あなた方のことであります。道契《どうけい》も彼の心経註に「人々観自在菩薩なり」と突っこんでいます。とりわけ、禅門の人々の註釈はこの突っこみがつよいようです。とかく、他力門の人々は観自在菩薩といえば、自分たちをすくってくれる方のようにきめてかかっていますが、ここの観自在菩薩はそんな甘いものではありません。『決談抄』という心経註などは大上段にふりかぶって、「われ即ち観自在菩薩なり」とさえいっています。ちょっと、そんな表現を耳にすると、おありがたい連中は肝をひやすかも知れませんが、大体、「菩薩」という字からして、「人間」のこと、「凡夫」のことなのです。こうやって、この心経講話をかいている私も、よんで下さる皆さんも、仏道に志のあるかぎりは、みんな「菩薩」なのですから、たとえ、「観自在菩薩」だからといっておどろいたり、おそれたり、おびえたりする必要がないのです。「観自在菩薩、行深般若」というところへ、「われわれ凡夫が志をいだいて、行深般若」と書きかえたところで少しもちがっていないのです。慈恩の『幽賛』にも、この点をはっきりいっているのです。「かの観自在、昔初めて発意のとき、もろもろの煩悩をそなへ、無明の殻に於て勝《すぐ》れたる心を建立《こんりゆう》し身命財を捨てて、仏の智慧を求め、大勇猛を興して、すでに等覚《とうかく》を成ぜり。われまさにしかるべし。おのれをはげまして増修し、まさに自ら軽んじて退屈を生ぜざるべし」といっています。観自在菩薩は初めから完成した人物ではないというのです。その因位《いんに》、つまりその修行時代のことをいっているのです。この心経に登場する観自在菩薩はレディメードの菩薩ではなくして、われわれと同じように、もろもろの煩悩をそなえ、沢山の迷いにくるしんでいた生活の中から菩提心《さとりごころ》を起し、自分の一身、その生命、そのもっている資財を投げすてて、仏陀の智慧を求めたというのであります。いまわたくし共がここでくるしんでいる同じ苦悩を胸にいだいて仏道にはいってきたのです。そこに「行深般若波羅蜜多」があり、「五蘊皆空」の達観が起ってきたのではないでしょうか。だから、観自在菩薩のこころをこころとして、「われまさにしかるべし。おのれをはげまして増修し、まさに自ら軽んじて退屈を生ぜざるべし」といましめています。自分のような凡夫には観自在菩薩のようなさとりはえられるものではないと卑下するのが、「退屈」感です。卑屈感です。あきて退屈するという風に今日の会話ではつかっているが、ほんとうの「退屈」というのは、必要以上に自分を卑下し、諸仏、諸菩薩をうやまいすぎることです。完成した菩薩だとうけとるから、自分には手も届かぬような退屈感をいだくのです。「観自在菩薩」は未完成の修行者です。わたくし共と同じ「因位《いんに》」の人物です。その因位から出発して自利、利他を円満した人物です。それでは何故、こんなところへ、観自在菩薩をひき合いに出してきたかといいますと、はじめて山にのぼろうとする登山者は、すでに山にのぼり、山に経験をもち、山から下りてきた人に山の様子をきくにかぎるからです。その意味で、観自在菩薩は「かえりの人間」行ってかえってきた人です。『碧巌録《へきがんろく》』に「山下、道を知らんと欲せば過来の人に問うべし」という言葉があるそうで、明《みん》の智旭《ちぎょく》という人のかいた『心経釈要』の中に引用しているが、観自在菩薩は山のぼりの急所を知っている方なのです。「深般若波羅蜜多」を修行したひとであり、「五蘊皆空」の道理を照見した体験のひとです。何が深般若か、何が般若の完成か、何が空かを知ったひとにたずねるのが一番早道です。自分が山頂をきわめさえすれば、未経験の人々に山登りのこつを話したくなるのは当り前です。法句経の二十八番にもこういう句があります。「はげみもて放逸《ほういつ》を却《しりぞ》けし人は智慧の高閣《たかね》にのぼり、心にうれいなくして、憂いある人をみおろすなり。山頂に立つ人の地に在るものを見る如し」とありますように、自分が血みどろな宗教的体験をもってある程度のさとりというか、達観というか、そういうものにぶつかってみると、自分ひとりでだまってはいられないのです。自然と、いつの間にか、地上でくよくよしている人々に助言したり、みちびいたり、手をかしてあげたくなるというのです。わたくし共はこうした因位の観自在菩薩、わたくし共と同じ立場にある菩薩のことを考えなくてはいけないと思います。

さとりとすくい

ですから、心経に登場して下さる観自在菩薩は法華経の普門品《ふもんぼん》に出てくるような救済専門の観自在菩薩ではないのです。心経の観自在菩薩はわれわれに御利益だけ下さる、弥陀《みだ》や勢至《せいし》のようにわたくし共をただ一方的にすくって下さる方ではないのです。一体に、仏教徒はすくわれることばかり考えています。すくうことを少しも考えないで、ただすくわれる受身の立場ばかりを考えています。勿論、一体自分のようなものに、他人をすくいうる能力がはたしてあるだろうかと、つきつめて考えてみると、はかない自分であることに気づきはするけれども、さればといって、ただわけもなく、ただすくわれていていいだろうか、ほかからのすくいに甘えていていいだろうか、それではあまりに虫がよすぎはしまいか。一体、そんな虫のいいことが、この地上にありうるだろうか。ただのすくい、すくわれるだけのすくいということが、一体、ありうるだろうか。すくうということを離れてすくわれるということがありうるだろうか、そんなことが考えられうるだろうか。すくうということは、まず、自分をすくうことであり、苦しむことであり、さとることであり、やがて隣人、他人、世間をすくいうることではなかろうか。自らをさとらせ、自らをすくいうるものが初めて、自然に、いつの間にか、他人をみちびき、すくっているのではなかろうか。観自在菩薩は、ここでは、まず自分のさとり、すくいを中心として立ち働いていられるのです。そこに「行深般若」があり、「照見五蘊皆空」があり、

「度一切苦厄」が出てくると思うのです。だからといって、この血みどろなさとりの事業を観自在菩薩ひとりにさせて置いていいでしょうか。われわれはただ彼のすくいのみを待っていいというのでしょうか。それは観自在菩薩の「行深般若」に相応するものではありません。それは、ただ心経の観自在菩薩を殺すものであり、売るものです。観自在菩薩の般若波羅蜜多の聖業を妨げるものであります。出来る、出来ないは二の次として、われもまた観自在菩薩にあやかって「五蘊皆空」の照見について一分の協力をすることこそが、観自在菩薩の徳をたたえるものといえるでしょう。観自在菩薩の利他の大悲の一分なりとも手伝わせて貰ってこそ、心経の行者といわれるわけです。勿論、だからといって、観自在菩薩の利他行がそのまま、この自分に出来るようにも思えませんが、せめて、観自在菩薩の「行深般若」をうけとりたいのです。骨のおれること、きびしい修行であること、五蘊皆空の達観がなまやさしいことでないことが少しでもわかったらいいと思います。うけとることはやがてわかることの一歩です。うけとることは、また、やがて、少しでもまねたいと思うことであり、あやかりたいと思うことです。かくして、そんな思いがやがていつの間にか、観自在菩薩に近づいてゆくのではないでしょうか。みほとけへ近づいて行っているのではないでしょうか。法然上人が弥陀の利他大悲の本願に気がついて、じっとしていられずに、少しでも「本願に相応したい」ということをのべていられるけれども、この心経をかみしめてみると、観自在菩薩ひとりに深般若を行ぜしめて置くわけにはゆかず、五蘊皆空の難行苦行なさるのを高見の見物をしているわけにはゆかぬような気がするのです。そんなむずかしい「深般若波羅蜜多」などの出来る自分ではなくとも、『心経一滴談』の著者、道契のいっているように、せめて、「世間所有の治生産業みなこれ般若と相違背なく、人々観自在菩薩なり、人々具足の一巻心経なり」と心得て何かにちからを入れてみたい気がするのですが、どんなものでしょうか。今日、われわれ仏教徒の一番いけないことは、諸仏、諸菩薩に救済の事業を一括しておまかせ申して、こちらはただだまって救済のお手並を拝見していたり、そのすくいのおこぼれだけをいただく乞食根性になっていることではないでしょうか。キリスト教徒のもつ十字架を負う気魄が足らぬと思います。そんなことで、どうして、この地上にすくいがあらわれるでしょうか。まずわたくし自身が観自在菩薩になることです。観自在菩薩であることに気づくことです。そして、「深般若」を修行することであり、さとりを体験することであり、やがて、すくいとみちびきをやることではないでしょうか。どうせ、そんな大きなことの出来るわれわれではありませんが、自分の力に応じて、今日自分が立っているところにさとりとすくいの場を見出すことではないでしょうか。

行深般若について

いままで、「観自在菩薩」について一通り話してきましたので、いきおい、「観自在」という名前を説明してゆくうちに、これから講じようと思っている「行深般若波羅蜜多《ぎょうじんはんにゃはらみた》」と、「照見五蘊皆空」との内容にふれざるをえなかったのです。心経に出てくる「観自在菩薩」はただありがたいだけの菩薩ではなく、中々縦横のはたらきをされている方ですから、なまやさしく、甘く見くびっては大変なまちがいが起るのです。「観自在菩薩」の「観」(avolokita)という一字を掘り下げてゆけば、自然と、「観行」とむすびついて、つよい実践行動がそこにあらわれて来ねばなりません。仏教では、「観」といったからとて、ただ、頭脳の中で観察しているばかりのことを意味しない、自然と、その「観」が「行《ぎょう》」の上ににじみ出て来ずにはいないのです。ここに「行深般若波羅蜜多」(gambhīrāyāṁ prajñāpāramitāyāṁ caryāṁ caramāṇo) といっている「行」の原語は漢訳ではたった一字ですが、原文では「行《ぎょう》を行《ぎょう》じつつ」とか、「行を行ぜる時」

というような、いいあらわし方をしているのです。甚深なる智慧、つまり、「深般若波羅蜜多」に於て「行を行じ玉える時」という表現は中々こっています。ふかい智慧をみがいたとか、勉強したとか、研究したとかいわずに、「智慧を行じた」というところに面白い表現というか、深い意味が宿っているのではないかと思われます。もとより、この「行」は「深般若波羅蜜多」ばかりにかかっているのではなく、かくして「照見五蘊皆空」までひびいているのですから、仮《かり》に、前の方の「深般若」が総体についていったとすれば、後の「照見五蘊皆空」は別についてふれているので、ここにも、総別の二つのかかりあいが見うけられ、もし、「観自在菩薩」を「人」に約すれば、この総別の二つが「法《ほう》」にあたっていますから、ここにも、「人法《にんぽう》」の二つが対照されているものと見られないでもありません。それはとにかくとして、「智慧を行ずる」という表現についてはここで一言せねばなりません。というのは、「行深般若波羅蜜多時」というような表現は、大般若六百巻のうちに、勘定したこともないが、おそらく何百回、何千回くりかえされているかわからぬほどたびたび出てくる常式であります。この「行」は「修行」とかいてありますときもあるし、時には「安住」などという表現も見うけます。とにかく「般若波羅蜜多」ということは普通の知識とはちがうのです。外国にこんなことがあったとか、ある化合物はこういうもので出来ているとかいう、俗にいう「二十の扉」とか、「智慧の泉」程度のものなら、ただ頭の中に入れるとか、覚えるとかいうことにとどまるのですが、ここにもある通り、「深般若」とあって「浅般若」ではなく、並大抵、一通りの知識ではないのです。おまけに「般若波羅蜜多」というのです。「波羅蜜多」(Pāramitā)という言葉は少しばかり仏教を知っている人なら、何度か耳にさしはさんだことがあろうと思いますが、中国では「到彼岸」と訳しています。日本で三月と九月、年に二度、「彼岸」という仏教行事をしますが、この彼岸というのは、くわしくは「到彼岸」ということです。この「彼岸」(Pāra)、パーラという原語は吉屋信子さんまでが自分の小説の中に引用していなさるほど、追々と今日の世間に知られてきた言葉で、「向うの岸」というほどの意味です。何しろ、釈尊当時、橋梁とか船舶などの発達を見なかった時代に大水の多かった古代印度にとって、いかに「彼岸」がたっとばれ、あこがれの対象になったかわかりません。かくして、実際の交通上の言葉がまよいのこの岸から、さとりの対岸にまでゆきたいものだという宗教的な言葉にうつって行ったのです。ですから、釈尊時代の原始経典にはたびたび、「彼岸」とか、「彼岸にいたるもの」という言葉が見えます。ところが、ここにいう「般若波羅蜜多」という表現はこの時代より一段と進んだ思想をもっているように思われます。というのはさきにも一寸ふれましたように、釈尊の滅後、出家比丘中心の仏教になってしまったころ、ほんとうの釈尊の思召はそんな形式的な戒律を守るとか、世間をすてて山林に修行するとか、そういうことばかりにあるものではないという新しい運動、在家を中心とし、商工業者を背景とした大乗運動が起ってきたのです。これが「菩薩の運動」とでもいってもいい革新仏教の旗印です。これらの新仏教には沢山の文学者がいたものか、つよい文学的精神にあふれていたものか、沢山の仏教文学があらわれたのです。ところが、その中に見られる思想の特徴の一つに、「六波羅蜜」というのがあるのです。『六度集経《ろくどじっきょう》』などという経文はまさにその代表的作品ともいえましょう。「六波羅探題」などといえば京都にあった足利時代の政庁の一つを思い出すでしょうが、今でも京都には「六波羅蜜寺」という寺があるのです。つまりその意味は新仏教の主張の一つなのです。釈尊の思想が少々形式化してしまって、非社会的のものとなり、何か特別の修行でもしなければ、人間は釈尊のような仏陀にはなれないものだと思われていたときに、この菩薩仏教派の人々はこういい出したのです。道ゆく乞食にたったひとつのものをほどこしてもいい。布施《ふせ》の一行をだけやりつづけても成仏することが出来るにちがいない。そのかわり、中途半端ではいけない。これをやりぬき、やりとげ、徹底し、究竟し、身をも命をも財をも必要とあらばほどこしきるところに人間は成仏することが出来るというのです。これが「布施波羅蜜《ふせはらみつ》」です。勿論、一つのことをうむことなく、やりつづけ、やりとげるということほどむずかしいことはありません。そこにはよほどの勇猛心、勝心、大心が必要です。ここのところを大乗の諸経典には「一心」といい、「至心」といい、つまり、精神力の集注というか、異常なる熱意を要求しているのです。布施《ふせ》の一心をやりとげるだけでも、貧者の一燈の施心によっても成仏するのだという新しい精神主義がこの六波羅蜜運動です。これは布施ばかりでなく、持戒・忍辱《にんにく》・精進・禅定・智慧の六つについても同様にいわれるのです。かくして、大乗の諸経典の中には、現実社会には凡そ考えられそうもない想像をたくましくして、この六波羅蜜の一つ一つについての血みどろな物語をつくって、仏教徒の英雄的行動をはげましたのです。倉田百三のかいた『布施太子の入山』にせよ、法隆寺に残っている玉《たま》虫厨子《むしずし》の「投身餓虎」の物語にせよ、系統は本生経（Jātaka）や比喩譚《ひゆたん》（Avadāna）などに属するけれども、これらの材料がいつの間にか区別もなく、六波羅蜜文学にとり入れられ、今日の多くの大乗経典の内容をなしているのです。ところが、ここにいう「般若波羅蜜多」というのはこうした六波羅蜜の一つにはすぎないけれども、前の四つ五つの波羅蜜多がうっかりすると、ただ、利他の熱情にうかされて常規を逸したり、きびしい仏教的反省をかいて煩悩の種子にさえなる危険を察知して、すべての波羅蜜は第六の「般若波羅蜜多」によって智目をそなえ、方向をあやまることがあってはならないと考え、つまり、六波羅蜜の指導者、綜合者、舵の位置をしめるに至ったのです。

ですから、ここに「行」といっているのは六波羅蜜の全体をさし、さらに、方便・願・力・智の四つを加えて十波羅蜜の実践をさすのかも知れません。ところが、今日、仏教界で「あの人は行者だ」、とか「行が出来ている」とかいうと、正しい意味に理解しているひともあるけれども、大抵、一般世間では、那智で滝の水にあたるとか、魚類をとらぬとか、乃至は、一生涯、松葉をたべていたとか、夜になってねないとか、このことも中々真似の出来ることではないが、ようく、仏教本来の主張から考えてみると、むしろ釈尊の否定された意味なき「苦行」にすぎないことが多いのです。少なくとも、「行」といえば自分のさとりに向ってひそかに苦修練行をすることを意味しているようです。このことも、行の一義ではありましょうが、ここにいう「行深般若波羅蜜多」はひろくは六波羅蜜全体であるばかりでなく、仏教の「道理」に目ざめるところに出てくるつよい日常の実践をいうのではないでしょうか。『幽賛』には所修の行に七最勝をそなえるといって、「住菩薩種姓、依ル二大菩提心ニ一、悲《ひ》二愍有《みんう》情《じょう》一、具行事業《ぐぎょうじごう》、無《む》相智《そうち》所摂《しょしょう》、廻向菩提《えこうぼだい》、不為二障間雑《ふいにしょうけんぞう》」など、いろいろ小むずかしい徳目をかかげていますが、「不請の友と作《な》り、病に応じて医となり」と、今日の言葉でいえば人類福祉のために役立つ仕事をしていることです。しかし、さらにこの「行」を掘り下げてゆくと、心経のぎりぎりの眼目からいって、「行《ぎょう》の行《ぎょう》とすべきはほんとうの行ではない」というべきです。前講に引用した心経所出の大品、習応品の出足はいうまでもなく「行《ぎょう》を見ず、不行《ふぎょう》を見ず、自性《じしょう》なきをもっての故」にはじまった「色即是空、空即是色」なのです。「行深般若」などといいよばわって「行」の字が目立ち、「行」のあくが残っているようなら、そのことがすでに「深般若」でもなければ、「波羅蜜多」でもなく、「心経」でもないのです。『幽賛』の引用している「異釈」には、「懲心絶《ちょうしんぜつ》慮《りょ》、出世となす、本これ名《なづ》けて行と為す」といい、「分別なくして行相を見ずこれを行義といい、すべて無行には非ず、行ずるといえども行を見ず、無行の義に非ず」と突っこんでいます。こういう布施をした、ああいう忍辱をしてやったなどと、自分が覚えていたり、他人の目についたり、それにひっかかっているようでは本当の「行」ではないというのです。その深般若を行ずといえども行人もなく、行相も知られず、行果もたずぬるによしなきもの、この大宇宙の道理が心経のねらっているところです。網をもっては風のすがたをとらえられぬように、「言亡慮《ごんもうりょ》絶《ぜつ》」の大行をねらっているのです。それでいて、決して「無行の義に非ず」とくりかえしているように、行っただけのことはどこかに効《き》いているのです。すべてを空《くう》じてゆくのが心経ですから、誰が行い、何を、その結果がどうのと詮議せずとも、ちゃんと、やったことはこの大宇宙に遍満しているのです。道契という註釈者がこの「行深般若」を釈して、「挙手動足、二六時中、施為云動《せいうんどう》、触向対面《しょくこうたいめん》、無執にして到る」といっているが、すべての生活態が「行」だが、一つも執することなくして到るといっているのは、いかにも「不行之行」という大般若の精神をとらえて妙であると思います。心経註の一つである『仮名抄』にここのところを、「一法にても修行すべきことのなき所に到りえたること」といっているのも面白いと思います。しかし、こうした般若心経が到達した高い境地というものは、うっかりすると、「行」の熱意を失ったり、その意味がぼかされたり、またぞろ、苦行になってしまう危険があるのですから、「平《へい》常心是心経《じょうしんこれしんぎょう》」と心得て「法」のままに、因縁の動くままに、降るもよし、晴るるもよし、晴雨は晴雨のままに素直に力強く生きてゆきたいものです。ですから、次に出てくる「時」という玄奘訳を、「別時なし」、と釈し、「山中暦日なし」と皮肉っている『忘算《もうさん》』という心経の註釈書さえある位です。この「時」という漢訳はさきに「行」の原語をお話ししたように「行を行いつつ」でもよし、「行を行うとき」でもよし、「行う」という動詞の現在分詞の形にすぎませんから、文法学上も、この「時」という字に力をいれて説明する必要もなく、内容的にも、観自在菩薩の深般若波羅蜜多行は時間をのりこえ、空間をのりこえているのです。いつ自分のやった行為がいつその結果を見るであろうかなどと、いたずらな地上のはからいをすることそれ自体がすでにおろかな極みです。

五蘊皆空の体験

心経はここで更に一歩を進めています。観自在菩薩が「深般若波羅蜜多」、すなわち、「深き智慧の徹底」をやったというが、その内容はさきにいろいろ、われわれ下凡のものの及ぶかぎりの想像を逞《たくま》しくして、一応説明したようなものの、「不行の行」などと、その実践などといきりたつこと自体を否定しているのですから、維摩居士ではありませんが、黙っている方がいいかもしれません。それに「般若波羅蜜多」を行じたといい、心経の題名にもはっきり同じ名前を出してはいますが、さきに行ってのべるように、そんな「智」もなく、「智の得」もないというに至っては、ただただ、あいた口がふさがらぬどころか、ふさがった口のままにじっとしているより仕方がないのです。「心経」というものは、さきに行って、いよいよわかってくる通り、何事もひっかかりを許さないのです。「深般若」とは一応はいうようなものの、「深般若」そのものはどこにもないのです。「深般若」などというものがどこかに、誰かのこころに、固定しているなどということをきりすて、はらいすてるのが心経のねらいです。ですから、心経はいつまでも「行深般若波羅蜜多」の一句にひっかかっていませんで、次に、「照見五蘊《しょうけんごうん》皆空《かいくう》」、玄奘訳にかぎって、そのあとへ、「度《ど》一切《いっさい》苦厄《くやく》」とつけ加えています。「行深般若波羅蜜多」がそのまま、すっかり、「照見五蘊皆空」であるか、どうかはわかりません。心経が組み打っているのは「色受想行識」の五蘊ばかりではなく、六根、六境、六識の十八界、無明にはじまって、生老死におわる十二因縁、さらには、苦集滅道という根本仏教の一枚看板である四諦《たい》、さらに、いまもふれた「智」と「智の得」のすべてを空じてゆくのですから、深般若を行ずることの内容は広大なものではありましょうが、心経の文体からいいますと、「照見五蘊皆空」というのが、「行深般若波羅蜜多」をうけていますから、まず「行深般若」の第一の内容というか、最初の手がかりというか、その代表的なものが「五蘊皆空」の道理であると想像されます。眼耳鼻舌身意の六根、色声香味触法の六境も、行深般若の対象にするにはふさわしいものではありますが、何といっても、自分という人間態からは多少縁遠いものです。観自在菩薩の手近かな観察の目はどうしても、自分自身というか、この人間の存在に向けられたのは当然でありましょう。原文を直訳した榊博士はここのところを「尊き観自在菩薩は深妙なる般若波羅蜜多に於て、行を修ぜしとき、照見すらく、五蘊ありと。而して、彼は、此等を認めて、本来空なるものとなせり」と少々律儀に訳していられますが、玄奘は「照見すらく」(vyavalokayati sma) と、「認めて」(paʾyati sma) と同じようなくりかえしをあっさりと「照見五蘊皆空」と六字に訳了したのはさすがに翻訳の名手といわざるをえません。慧澄などは、その心経の註の中で、ここのところを初めから、「とんと分別のつけられぬものと意得せしが照見皆空」であると逃げているが、他の心経の註『口譚』の説明するように、「照見五蘊皆空というのは無我法を観じて宜しく忍を成ずべし」というのがねらいであることはたしかです。『幽賛』なども、この点をはっきり、われわれ在迷の愚夫というものは、このわれわれの身体がそもそも五つの要素からあつまり、かたまって出来ていることに気づかずと注意しています。いま自分の書いているこの心経の講話の文字も言説も自分のもののように考えたり、こうやって、考えていること、働いていることも、この自分自身に「自体」なり「実体」があるように思い、さっき自分がたべた昼食もたしかに自分の口から自分のものとして受用したように思い、この指も、この手も、このペンを動かせている手も頭もみんな自分のもののようにうけとっているのではあるまいか。しかし、静かに心をおちつけて、智慧の眼をもった達空をはたらかせて考えてみるのに、どうも、この自分の人間的存在というものも、自性(svabhāva)として、本来存在したり、存在しつづけるものではなく、因縁のうごくままにこういった存在として、仮にあらわれているように思われるのです。ここに「五蘊」(Pañca skandhāḥ)といいますのは、五つの集まり、かたまり、グループのような意味でして、ある訳には「五陰《おん》」といい、「五集」ともいっています。われわれ人間の存在を構成している物心両面の材料を、釈尊時代の常識から、一応、仮に五つにかぞえたにすぎません。「色受想行識」という五つの要素によって、われわれ人間的存在があるというのです。

まず第一の「色《しき》」(Rūpa ルーパ)というのは、わかり易く一口にいいますと、物質的存在ということです。昔からの説明にも中々味のあるいい方のあるもので、「色」には「変壊《へんえ》」と「質《ぜっ》礙《げ》」の二つの説明があります。「変壊」の方は字を見た通りに、物の存在というものはうつりかわって、一刻一瞬も常恒に存在するものでないという物質の法則ですが、今一つの「質礙《ぜつげ》」というのは、一つの「色」のあるところへ、ほかの「色」が同じ場所を占有しようとするとぶつかるというのです。ほかのものを邪魔するもの、ぶつかるもの、さわるものという意味です。ちょっと、「色」などと書きますと、「いろ」とよんだり、「いろはにほへとちりぬるを」と不用意によみ流していますが、弘法大師作とつたえられている「いろは」の「色」は、決して色彩だけ、青黄赤白黒というような色だけをいっているのではなくして、すべての物質的存在というものはおとろえ、散ってゆくものだという仏教の根本教理が、平安朝ころから日本のアルファベットにつかわれてしまったのです。よく地方にゆきますと、「雑色」(ざっしき、ぞうしき)などという地名にぶつかりますが、本来は仏教の「色《しき》」の複雑性からきているので、ただいろいろの色彩というのではなくして、物質のちがっていることをいっているのです。私共の五官である「眼耳鼻舌身」の五根のことを「内色」、その対象になる外界の「色声香味触」の五境のことを「外色」と一応内外の二色に区別していますが、われわれの眼の対象になる「色」を一応二つにわけまして、青黄赤白黒というような色彩のことを「顕色《けんじき》」といい、「長短・方円・高下・正不正」などという物質的の形体の方を「形色《ぎょうじき》」と申しています。これらの顕色、形色もさらにこれを構成しているいろいろの原素があります。倶舎論《くしゃろん》などになりますと、今日で申す微粒子のような「極微《ごくみ》」というものを立てまして、その「極微」も本来、固定した自性自体があるのではなくして一つの勢力の運動体であるなどと、今日から考えましても中々面白い見方をしているのです。われわれの人間体をつくり上げています物質的要素ということだけ考えましても、固定して、そのままの自性で、いつまでも存在しているものではなく、「自性としては空」なのであります。光や音や香や、そうした物質的存在は、普通われわれが常識で考えているような固定した存在ではなくして、このごろいわれているように、一つのエネルギーの波長のようなものであるにちがいないのです。その波長そのものも、さらに追求してゆきましたら、「色」という観念自体も空じてゆかねばなりますまい。「空」だといったからとて、それは全然ないという意味ではありませんで、「非有非空、亦有亦空」とでもいいましょうか、有るといって有ることにとらわれず、といって、また、無いといって無いことにとらわれず、有るの、無いのという不必要な議論をのりこえたところに「真空妙有《しんくうみょうう》」の境地があるのだと申すのが、心経の註釈者の常識なのです。

「色」のことにばかり深入りしましたが、皆さんの御承知の通り、われわれの人間体は「色受《しきじゅ》想行識《そうぎょうしき》」の五つの要素で出来ているのだと仏教では説明するのです。これも大般若を御覧になればおわかりのように、終始一貫この五蘊が論ぜられているのです。「色受想行識」の五字が何千遍くりかえされていますか、一度誰かに数えて貰いたいほどです。この「五蘊」という考え方、この「五蘊」が無我であるということ、無常であること、苦であることは原始経典につねにくりかえされていることで、今更ここで改めて論ずる必要がない位だと思います。とくに「五蘊盛苦」という術語は八苦の一つとして古くから仏教徒の口にのぼっているのです。「色」ということは人間構成の重要な物質条件として誰ひとり反対するものもないが、あとの四つをことごとく精神的な作用にしたことは、一体どんなものであろうか。釈尊当時に於ける印度哲学なり、印度宗教一般を研究しているひとにきいてみたいと思うのです。「色」のほかに「受」(Vedanā)「想」(Saṁjñā)「行」(Saṁskāra)「識」(Vijñāna)の四つがかぞえあげられています。「受」とは感覚、感情の意味で、昔は「領納」と訳しています。苦しいとか、楽しいとか、何ともないとかいう受です。「想」とは知覚、能く対象に於て有相か、無相か、大小男女怨親など無量無数のあらゆる分斉のことをいいます。「行」とは概念を想像すること、善や悪や、どちらでもない意志を起してくること、昔から造作遷流《せんる》の義といっています。「識」はここでは原本には複数になっていますが、知識、理解、認識のことで、『幽賛』などは心意識の三つをこれにあてています。

観自在菩薩は初めから「五蘊皆空」の原理がわかってはいなかったのです。初めはおろかにも、われわれ在迷の凡夫と同じように、この五蘊の自分という存在に執著されたのです。「五蘊」によって成立しているという分析さえ、おもちにならなかったのではないかと思います。ただ、ぼんやりと、「自分はいまこうやって生きている。生きるべくして生きている。当然生きるために生きている」とうけとっていられたにちがいありません。それどころか、「愚夫が知らずして五蘊を執す」と圓測《えんじき》が註しているように、生きていることさえも気がつかずに生きていられたかもしれません。ところが、因位の観自在、修行時代の観自在にふと智慧がわき起ってきたのです。そこでいろいろ智慧をみがいてゆかれると、人間というものは仮に五つの要素の和合したもの、はなれたものがくっついたものだ、しかし、その自分を構成している色心の二法は厳然として存在しているのだという浅般若までは到達しえたのですが、さらにふかくふかく掘り下げてみると、その「色」といい、「受」といい、「想行識」と名づけるものも、自性としては本来空であること、固定して常在するものではないこと、今日の言葉でいえば、すべての条件と環境とに於て今日のすがたがあらわれているにすぎないということの「深般若《じんはんにゃ》」の道理がわかってきたのです。そういう風にうけとってみると、一つの「照見」というか、一つの「返照」というものが出てきて（太淳註）、今さらのように対象や境遇にひっかからず、執著せず、愛染せず、「退歩見性」の宗教的法悦を味わうことが出来るのです。「ひとたび蘊の空なるを見れば、人法ともに亡じ、業を造る者もなく、報をうくるものもなし」という朗々たる心境にはいられたにちがいありません。この悠々《ゆうゆう》たる心境に入ることが心経の急所であり、仏教のねらうところであり、かつ、如来のいますところでありましょう。ですから金剛経の中に、「色をもって我を見、音声を以て我を求むれば、この人邪道に行じて如来を見ること能わじ」といっている通り、何物にもとらわれずに任運如法に悠々たる人生を送ってゆくところに、観自在菩薩の「照見五蘊皆空」の本領があるのです。ところが、その観自在菩薩の中心思想を自らの生活の上に求めないで、ただ観自在の色像、音声の上にのみ観自在を求めているのが今日の日本仏教徒ではないでしょうか。ですから、およそ世の人、観自在菩薩を念じようとするなら、その空観をこころとするがいい。自分の無我、空、無常であること、我の我とすべきものをこの世には見ず、やがてほどなく死すべき自分が今仮に因縁をあたえられて、辛うじて今日の生命をあたえられていることのたっとさ、勿体なさに気づいたら、それこそ、それは観自在菩薩を念じていることであり、如来を合掌していることであります。かくしてこそ、菩薩に一分あやかって「深般若波羅蜜多」を行じていることであり、「照見五蘊皆空」の一分を実践していることになるのです。

「空」ということ

「照見五蘊皆空」の条下でいまひとこといいそえて置くことがあります。それは「空《くう》」という問題なんです。さきにものべた通り、「自性として空《くう》なりと見たり」(Svabhāva-śūnyān paśyati sma) とありますところを玄奘はあっさりと「皆空」と訳しています。ここで問題なのは「空《くう》」(Śūnya) という言葉の意味です。マックス・ミューラー博士は法隆寺梵本を英訳して、このシューンニャという字に「すべて空虚」(all empty) という字をのせています。「そら」の「空」ではなく、からっぽの「空」です。「空」の原語のシューンニャという字のもとはふくれるという字です。従ってからっぽになるのです。からっぽとは中身に何もないことです。芯に髄がないことです。らっきょの皮をむいてゆくと、しまいには、何もなくなるということです。五蘊が無我であり、無常であり、苦であり、空であるという考え方は決して心経にはじまったものでなく、早く根本仏教から出発していると思います。ですから、ここに「五蘊皆空」といっていることは人間そのものというものもからっぽであるし、その人間の身心を組み立てている五つの要素、色受想行識の五つもそれぞれからっぽだということです。勿論、からっぽということはそこに何も無いということではありません。心経には、何しろ、漢訳心経でみても、「無」という字がたしか二十一回、「不」という字が九回、「空」の字が七回も出ていますし、梵本になると、多少誤写のせいかも知れませんが、否定の「不」(na)という文字がとても多いのです。ですから、何も知らぬひとは、「般若心経」というお経は万事を否定するもので、この世の中には何にもないことを主張しているように思っていますが、そうではなく、何事も、ものに芯《しん》がないということ、物そのものとか、物自体とかいうものはなく、物には正体《しょうたい》もなく、実体もないというのです。無自性とか、無実体とか、乃至は、「無体《むたい》」と申しています。ちがった言葉で申しますと、「勿体《もったい》」となります。「無」も「勿」も同じ意味であることは、「勿論」と「無論」でおわかりと思います。「空《くう》」ということは「勿体《もったい》」という言葉でいいあらわすと一番よくわれわれ日本人にうけとれるのです。この四肢五体、五蘊というものは本来、実体のあるものではなく、時々刻々、いろいろと新陳代謝し、変化し、はたらき合ってこの私たちの存在をつづけているだけであって、本来、いつまでも、中心の実体などのあるわけはありません。これが、「勿体」なのです。ですから、「勿体な」とか、「勿体ない」とかいう言葉が出てきたのです。本来、この自分の人間体が実体、正体《しょうたい》として、存在し、存続するものなら、今日こうやって私たちの生きていることは当り前の事実で、別段、ありがたいとも、勿体ないとも思いません。おそらく、「存在《ぞんざい》」にものを考えてしまうでしょう。「存在《ぞんざい》」ということはお互いが本来存在しているものだと、自分の存在を当り前に考えるところから出てくるわがままな考え、迷いの考えです。それを「五蘊皆空」という「空」の道理がわかってきますと、自然と生きているのが当り前ではなく、生きているのは生きているように多くの因縁が生かせているのだ、勿体ないことだ、たっといことだ、ありがたいことだとうけとれてくるのではないでしょうか。だから仏教では、すべてのものは存在するものではない、在るものではない。初めから在ったもの、いつまでも在りつづけるものではなくして、出来たものであると考えるのです。英語でいいますと、「存在するもの」(Being) ではなくして、「生成せるもの」(Becoming) であります。すでに出来たものである以上、かくあらしめたいろいろの原因、条件、環境がはたらいているのです。昔よく子供の玩具を売っているような店さきに、水道の水に吹き上げられているゴム風船をみたことがありますが、われわれ人間の存在、この生命体というものもあの風船のようなものです。自分ひとりの力で風船が宙に浮いているのではなくして、下から吹き上がってくる水圧と、水素のはいっているゴム風船そのものの軽さ、それと引力などのいろいろの関係で宙に浮いているのです。ゴム風船が自分ひとりのちからで浮いていると思ったらこれは我執です。存在《ぞんざい》です。みんなの力で浮いているのだとうけとることが「空」観です。ですから、「空」ということは「何もない」ということではなく、一切の否定でもなく、すべての因縁の仮和合のすがたが「空」です。だから「空」というものがあるのではありません。「空というものもなきなり」と古註にはいいそえていますが、そんな、「なきなり」というはからいも一切不要なのです。というのは、「空」という実体があるように考えるひとがあるからです。もし万が一、「空」という「実体」でもあったら、それこそナンセンスであります。「空」という宇宙の絶対精神があるとか、「空」というのは「絶対」そのものであるとかいって説明するひとがありますが、それこそ、いよいよ出でて、いよいよ奇なるものです。「空」というのはさきにものべたように、何もないこと、「無」ではなしに、あるものをあらしめている一切の力の上に放下《ほうげ》することであります。たとえば、「五蘊皆空」といえば、「色受想行識」という人間構成の五つの要素が無いことではなしに、この五つがへって三つになり、一つになることではなしに、この五つをして五つの要素たらしめている一切のもののあること、それらの一切のものなしには、この五つの要素も、やがては、このわれわれの人間体も存在しないと考えるのが「空」の考え方です。もし万が一、この人間というものは神がつくったものであり、霊魂そのものだといえば、いかにも数が少なくてそうかも知れないと思いこむひとがあるかも知れませんが、仏教ではこういう考え方をまよいというのです。何でも、あっさりと、「一つの原因」、「一つの精神」に説明してしまおうとする原始的な考え方を邪見となづけているのです。たとえば、ある人間の背が高いとしてその理由を、小さいときから機械体操が好きだったからだと説明されると、多くの人々は、うっかり、この一元的なというか、単純素朴な説明に感心するものです。ところがどっこい、この世の中の真理というものは、そう簡単に問屋からものを卸《おろ》してはくれないのです。機械体操が好きであったことも、彼が後年背が高くなった理由の一つ、とても沢山ある中の一つであったかも知れないが、そうでなかったかもしれず、父母の血統に背の高いのがいたとか、その生れた家庭の建築様式がどうであったの、食物がどうの、紫外線がどうであったの、ホルモンの分泌が多かったの、おそらくはある程度の説明こそなしうれ、ほんとうに一人の青年の背の高かったことの原因を、完全に説明することは出来ないのです。ちょうど、そのように、「五蘊皆空」ということは、「色受想行識」という物心両要素そのものについてみても、一口に「色《しき》」といったところで、一体何がそもそも「色《しき》」であるのか、いま仮にわれわれが目前に「色」とみとめているものがあったとしても、その「色《しき》」をしてかくの如くわれらの前に「色」としてあらわれているものの「正体」というものを、はっきりと捉えることは出来ません。自分ではつかんだつもりでいても、それは「色」ではないかもしれず、少なくとも「色」の全部でもなければ、「色」の当体でないかもしれぬのです。仮にいま、この原稿を書いている私が、この原稿用紙を「色」のひとつだとうけとったところで、それはほんのこの人間の肉眼の目に、型のあるわくのある紙だと思っているにすぎません。もし、これを顕微鏡で見たならこれが紙と見えることでしょうか。さらに、これを電子顕微鏡で見たならば、固定していると思っていたこの紙も存外に不安定のものであったり、幾多の微粒子がうごき、はたらいているように見えるのかも知れません。そればかりか、この私に、この原稿用紙に一字一字、心経の講話を書かせているところのものは、この私という人間体ひとりのちからではなくして、私をしてこう書かせている一切のちからが、私をして書くことを許していることに気づくのです。このことに気づくのが「空」といううけとり方ではないでしょうか。ですから、「空」という見方は気短かな、ものをてきぱきと独断的にきめてゆこうとすることを排斥して、ほんとうのものの在り方、どうしてそのものがこうあらわれているかということを、克明に、どこまでも、どこまでも、追いつめてゆく見方ではないかと思います。したがって、つくづく、もののほんとうのすがたを見ると、中々あだや、おろそかにあるものではなくして、言葉も、文字も及ばないほど複雑な、混み入ったものであるということに気づくのが、「空」の見方ではないかと思われるのです。といって、これを「曰《いわ》くいいがたし」とか、「文字を立てず」とか、「言語道断」といってしまうと、禅になってしまうし、「不可称、不可説、不可思議」といってしまっては、一つの神秘主義になるのです。「空」の見方というものは、そんな反知的なものではなくして、どこまでも論理的な思弁を許す世界なのです。ですから、科学的分析をも許すというか、それをも拒まないというか、もし、その方面を掘り下げてゆけば、今日の進んだ原子力学にまでも発展しうる素地をもった意味での「空」の見方であると思います。だから、「五蘊皆空」ということは、「五蘊」が「五蘊」としては決定したものではないこと、「不決定」な「五蘊」であること、「五蘊」とはいっても「五蘊」とはきめられないこと、「五蘊」をして「五蘊」たらしめているのは、「五蘊」自らの決定に待つものではなくして、千万無数の諸条件が「五蘊」たらしめていること、だから、名は「五蘊」とよび、「人間」となづけていようとも、そこに、その中に、それ自身の中に人間とよび、「五蘊」と決定する本性なり、実体もっているものではないというのが「空」の見方ではないかと思います。この「空」ということについては、今日まで、仏教学者があまりに突っつきすぎていますので、私などにも、決定的に「これが空だ」といいきることは出来ませんし、そうした不決定のところに空の真相があるのかも知れませんが、龍樹《りゅうじゅ》（Nāgarjuna 印度の仏教大哲学者）が般若経を註釈しました『大智度論』（智度というのが般若波羅蜜多のこと）という書物の中に、「一切の法を観ずるに、因縁より生ず、即ち、自性なし。無自性のゆえに畢竟空なり、畢竟空とはこれを般若波羅蜜となす」といっていますから、前々からくりかえしている「般若波羅蜜多」、すなわち智慧の徹底、洗練、つまり智慧の到彼岸ということは、この「空」ということがほんとうにわかったことに外なりません。観自在菩薩はこの「五蘊皆空」の空理を照見することによって、「般若波羅蜜多」を身に行じられたというのです。一切の現象が因縁によって成立していること、そのもの自体、目に見、耳にきき、手にふれるところの対象そのものの自体とか、自性とかいうものはどこにもないこと、因縁があつまってわれあり、人間あり、この世間のあること、その因縁と条件とがかわり、うつれば、いまのすがたもかわるか、無いかである。こういう風に「自性のないこと」、「畢竟空であること」に気づき、ふかく諦観し、身も心もその通りにうけとったとき、それを「行深般若波羅蜜多時照見五蘊皆空」というのではないかと思います。ということは、ただ、音にきく「観自在菩薩」とかの英雄譚や宗教物語の一節ではなくして、さきにもくりかえしたように、「観自在は汝なり」の一節のように、この私、あの汝の仏道修行なのです。この心経講話を書いている私自身がおかげで何か、書く以前よりは「空」の道理が少しは余計にはっきりして、一切法が因縁によって生起しているわけあいが少しでもわかって、何となく宇宙の道理が、仏法の智慧が身についてきたとすれば、そこに一分の「行深般若」が実現されているわけです。われわれの「行深般若」なくしては心経はナンセンスにすぎません。ただ、それはうたであり、物語であり、詩であります。宗教であるかぎり、観自在のさとりがわれらのさとり、われひとりのさとりにぐんぐんと迫ってきてこそ意味があります。百万遍、心経を読みそらんじたところで、解空《げくう》の一義をだに忘れていたら、それは「論語よみの論語知らず」です。有名な話があるではありませんか。伝えらく、釈尊が亡き御母、摩耶夫人のために忉利天《とうりてん》に説法せられ、一夏《げ》のあいだ、弟子たちは世尊をみることが出来なかったことがあります。やがて、「世尊かえりたもう」のニュースは多くの弟子たち、信者の男女がわれさきに釈尊にあい奉らんとてきそい出たとき、釈尊は一同にたずねられたといいます。「誰か初めにわれを見し」と。多くの人々は「蓮華色比丘尼《れんげじきびくに》こそ」と申上げたところ、その席にはすがたを見せずに、「わが僧房にひとり袈裟のほころびを縫いつつ、『空』をさとっていた須菩提《しゅぼだい》比丘こそ、われを最初に見しものなり」と喝破せられたとある経典はつたえています。おそらく、この物語は一つの物語にすぎないではありましょうが、そこに仏教の本旨、「空」の本義がどこにあるかを明示していると思います。「法を見るものは仏を見る」とは根本仏教を一貫する精神であります。「法を見るもの」とは、いうまでもなく「因縁の法を見るもの」です。「無自性」の道理、「勿体」のわけあいを見るもの、つまりは、「空」をみるもののことです。ですから、見空者、解空者、行空者、照見空者こそ、そのまま、じきじきに釈尊のおすがたに礼拝していることであり、釈尊のほんとうの御胸に通じるもの、「以心伝心」とでもいうか、そこに「神聖なるもの」(Ārya)があるのです。「聖《ひじり》なる観自在菩薩」と、わざわざ、「神聖」という形容詞を冠しているのは、「空を行じている」すがたなればこそです。

度一切苦厄

さきにものべたように、この一句はどこの原本にもないのです。日本につたわった原本と称するものの中には、梵語には「度《ど》一切《いっさい》苦厄《くやく》」がないのに、いい加減なところにこの訳字を挿入しているものも、ほんの一つ二つ見うけるけれども、これは梵語をしっかりよんでいない証拠です。ただ、今日、世間に流通している漢訳心経は、ほとんど玄奘訳がおさえてしまっているので、その中に「度一切苦厄」がはいっている関係上、ここでほんの一口、のべて置きましょう。そのくせ、前にものべたように、スタインが燉煌の石室から発掘した梵漢対照の心経には、その経題の下に、わざわざ、「この梵本は観自在菩薩が手ずから、親しく、玄奘三蔵にさずけたものだ」といいそえながら、ほかのところはほとんど玄奘訳に一致するのに、「度一切苦厄」にあてはまる梵語もなく、これに対照される訳語もないのです。全く、すでにのべたように、玄奘の直弟子である窺基《きき》や圓測《えんじき》がつくった玄奘訳心経の註釈書をみると、はっきり、「度一切苦厄」にも脚註をあたえているので、その時代にすでにこの一句がはいっていたにちがいないのです。また玄奘ほどの文法に忠実な人物の翻訳ですから、原本にない一句を自分の勝手に挿入するわけはなかろうとも思われ、したがって、前にも推定したように、伝えによると、玄奘が中印度のナーランダ寺院から将来した心経の原本には、この一句に当る梵語があったかもしれないのです。ただ、どの梵本、チベット訳文によってもこの一句を見出しえないために、いきおい、たとい玄奘であろうとも、伝えとして彼がすでに渡印の以前から観自在菩薩に対する信仰がつよかったことからして、菩薩の神秘力をあらわすために、この一句を自分の勝手に加えたのかも知れないと思われます。これは、玄奘ほどの大文法学者、大翻訳者に対して非常な冒瀆《ぼうとく》のようにも思われますが、すでに、この玄奘の心経訳というもの自体が決して、玄奘が自らひとりで訳し、ひとりで書写したものではないこと、さきにものべたように、その中心部、その大切な「色不異空」以下「無智亦無得」にいたる部分が、ほとんど文字通りといっていいほどに、玄奘自身の翻訳によるものではなくして、すべて羅什訳大品般若第三習応品の生きうつしにすぎないことなどから考え合せて見て、この玄奘訳は、訳された年月日、筆受者氏名、訳場までも今日はっきりと伝えられてはいるが、多少、あやしむ余地がないでもない。たとえば、

「是諸法空想、不生不滅、不垢不浄」と羅什訳通りに訳出しているのに、玄奘自身の訳になる大般若（第四〇二巻第二分観照品第三ノ一、大正蔵第七、一一）には、「如是自性、無生無滅、無染無浄」といっているのはどうしたものであろうか。これはほんとうは、玄奘訳になる大般若六百巻全体を原本と訳本を照らして、心経につきつけて見ると、存外、面白い結果が出てくるであろうが、この仕事は「心経講話」に中心があるのだから、そんな横道にはいることはさけなければならないと思います。とはいえ、いま二、三申上げましたように、私はこの心経の玄奘訳というものを決してまずいものだとは思っていませんが、玄奘訳としては少々腑に落ちないところがあるのです。原文にあるものは一字一句をゆるがせにしない彼としては、大分おおまかなものです。「聖観自在菩薩」の「聖」の字を訳さず、「照見五蘊皆空」とあっさり行って、「自性」(Svabhāva) という字を「空」の上におとしていますし、さきに行っても、三、四思いあたるところもあります。こうした意味から、原文にもない「度一切苦厄」という一句がとび出してくるということも、この心経訳にかぎってはありそうに思えるのです。玄奘がきびしい文法学者としての責任をもって訳したものではなく、もっと、おおらかに、般若の大精神を普及するという立場から、観自在菩薩の化他の利益として「度一切苦厄」の一句挿入を黙認したのではないかと思います。また、この一句はうけとりようによると中々きいている一句です。「照見五蘊皆空」という自利、解脱、さとりの一方面だけで終っていては、何せ、坊間に信仰されている観自在菩薩の登場を願った理由がはっきりしないのです。この一句の加わることによって、心経は俄然、経典読誦の功徳甚大となってきたのです。明曠の『心経疏』によると、この「苦厄」の二字をほどいて、「苦」とは「八苦」、「厄」とは欲厄、有厄、見厄、無明流厄の「四厄」と説明しているほどです。心経の註、『幽賛』も『賛』もひとしく、この一句を説明していますが、「度」というのは「度越」、「度脱」の義とし、「苦」を八苦のほかに「行《ぎょう》苦、壊《え》苦、苦苦」の三苦をかぞえています。しかし、さすがに『幽賛』の著者慈恩《じおん》は、「度」などというけれども、これは「世俗の中に随って、度《ど》あり、得《とく》あり」で、本来さとりの境地に於ては「度も無く、得も無し」と正直のことをいっています。いかにここに観自在菩薩の化他、利他の大悲を示そうとして「度一切苦厄」の一句が挿入されたにせよ、心経に登場する観自在菩薩は霊験いやちこな、万人を無条件にすくい、一切の苦厄を除去してくれるなどという虫のいいことをいわせないのです。「度《ど》」という字は、さきにも、度越、度脱と説明されているように、人間の四苦、八苦、乃至は、三苦を完全に地上からとり除いてしまうというのではなしに、「生老病死の四苦」について考えてみても、老いても老苦をのがれ、病気でもさほどにくるしまず、死ぬ時になっても、それは因縁だからいたし方がないと、柳に風折れのないように、素直に生老病死に随順してゆくだけのこと、ことさらに、これに甲斐なき抵抗をしないだけのことが「度」であって、不生、不老、不病、不死の境地になるというのではないのです。その心境になることです。観自在菩薩の御利益によって死すべきものがすくわれたとか、重病がなおったとかいう意味での「度」ではないのです。勿論、観自在菩薩の立場からは、「五蘊皆空」の「照見」が完成し、「深般若波羅蜜多」を「行」じてこられると、自然と、自分の、一身、一家などのことが重大な関心事とはならず、何となく、身も心もかるくなってきて、悠々として、東西南北におのれをよび、招くものがあれば、何なりと役に立ちたいという千手観世音のような「度一切苦厄」の悲願がわき起ってくるにちがいないと思うのです。しかし、それは、あくまでも、観自在菩薩の立場を表明し、告白したものであって、何ものも労することなくして、この「度一切苦厄」の御利益をうけようとする虫のいい心経の読者や信者がいるならば、それも、ひとつの結縁にはなりましょうけれども、心経を殺してよんでいるもの、小乗利己の心経に窒息させてしまっているものだと思います。そういう風に、わが身に都合よく読まないで、観自在菩薩の悲痛なる利他の決意とうけとってゆくことこそ心経の本筋ではないでしょうか。それどころか、すでに観自在菩薩は余人ではなく、われらであり、われであり、あなたである以上、自分として、「五蘊皆空」の道理を照見してきた以上、何としても、じっとしてはいられぬ気持、たったひとりの身体傷害者でもいいから、そのひとのお役に立ちたいものだ、もし、この自分というものを何かにつかってくれるものがあったら、謙虚の気持になって、そのひとのお役に立ってゆきたいと思い立つのが心経の精神であり、仏教の根本精神ではないでしょうか。今日、われわれ、仏教徒と任ずるものが、それほどに世間に尊重されていない理由は、この「度一切苦厄」の熱情を充分にもっていないのではなかろうか。世の人々、仏教流にいって、「衆生《しゅじょう》」に役立たぬもの、「衆生」のことに無関心のものは没落するのではないでしょうか。ある個人が、ある社会にどう評価されているかということは、彼がいかにその社会に役立っているか、「衆生」の苦しみを苦しみ、社会の悩みを悩んでいるかということによって決定されるのです。「衆生疾むがゆえに仏また疾む」とは維摩経《ゆいまぎょう》に出ている有名な一句でありますが、民衆の苦厄に鋭敏なる同感と共鳴とをもたないものが、どうして民衆の指導をなしうるでしょうか。わざわざよばれずとも、自らすすんで「不請の友」となり、話相手になり、ちからになってあげることが仏者の仕事ではないでしょうか。心経を一読するほどの方なら、必ず「隣人の友」となろう、「民の柱」となろうという気持、それは決して思い上がった気持でもなく、「度もなく、得もなし」というさとりの底をつきぬけてからの心境ではあるが、そんな気持になって貰えるのではないかと思います。「人々《にん》観音になるべし」との古註の言葉に任せて、われもひとも、大死一番、「度一切苦厄」の悲願のもてる観自在菩薩になろうではありませんか。今更、なるの、ならぬのという分別をのりこえて、お互いの面目に立ち戻って、自利、利他の菩薩行に一歩前進したいものです。くれぐれも、すくわれたいの、すくって貰いたいの、という手離しの乞食根性をたたきのめしてゆきたいものだと思います。心経の急所はこの一点にあるのではないかと思います。心経を生かすも、ころすも、この一点にかかっています。

第三講　空に生きる

舎利子《しゃりし》　色不異空《しきふいくう》　空不異色《くうふいしき》　色即是空《しきそくぜくう》　空即是色《くうそくぜしき》　受想行識《じゅそうぎょうしき》　亦《やく》
復《ぶ》如是《にょぜ》

舎利子《しゃりし》よ、色《しき》は空《くう》に異《こと》ならず、空《くう》は色《しき》に異《こと》ならず、色《しき》は即《すなわ》ちこれ空《くう》、
空《くう》は即《すなわ》ちこれ色《しき》、受想行識《じゅそうぎょうしき》も亦《また》、またかくの如《ごと》し

舎利弗よ

いままでは観自在菩薩の自利、利他の二行を説いてきた心経は、ここで、一転して、「舎利《しゃり》弗《ほつ》よ」と、この地上の人間に呼びかけてきたのです。ここで、偶然私は、「この地上に」呼びかけてきたと申しましたが、原文にはっきりと、「ここに」(iha)とか、「さて」という原語を加えているのです。玄奘はどうしたのか、この「イハ」(iha)という字を訳し忘れているのです。ところが、この「イハ」という文字は「舎利子《しゃりし》、是諸法空相《ぜしょほうくうそう》」の前でも、いま一度、くりかえされているのです、ところで、玄奘は二度とも訳していません。勿論、この「イハ」という字はごく軽い意味ですから、何もここで訳さなかったのは文法上まちがいであるなどというほどのことではありませんし、羅什の大品般若の習応品、さきにものべました玄奘訳心経の重要な素材をなしたと思われるものにも、この「イハ」がはっきり訳されていないのです。ところが、一寸、前にものべましたように、この「舎利弗よ」という呼びかけは、誰によってなされたろうかということについては、観自在菩薩だというのと、釈尊だというのと二つ見方がありますが、マックス・ミューラー博士は前にも一寸ふれましたように、「イハ」という原語を「彼は告ぐ」と訳して、観自在菩薩が舎利弗につげたという風にとっていますし、増広拡大された心経は原本も訳本もすべてこれに同調していますが、私はこの意見に賛成しかねるのです。やはり、ここは、どこまでも、釈尊が自分のたのみにしていた直弟子の「舎利弗」につよく呼びかけられた人間的の叫びとうけとりたいと思います。すでに、観自在菩薩すら、それは神話や物語に登場する架空の人物と見るべきでなく、「人々観自在」とさえうけとるべきことを古註が教えている位ですから、「舎利弗よ」とはするどい、釈尊のわれらへのよびかけに外ありません。「舎利弗」というのは、原語シャーリプトラ（Sāriputra）の音訳、弗（プトラ putra）は「子」を意味しますから、梵漢あわせて「舎利子」と気取って玄奘は訳しているのです。羅什もその他の翻訳者もみんな「舎利弗」と音訳しているのに、玄奘だけが、一寸風変りに「舎利子」といっているのです。この「舎利弗」という釈尊の直弟子は十大弟子の一人の中に数えられ、わけても、智慧学問に於て比較のない存在であったらしく、かつ「空」の一句を聞いて釈尊の弟子になったという「空」には縁の深い弟子です。釈尊よりも悲惨な早死にをするんですが、そのときの釈尊の嘆きようから見て、孔子の顔回《がんかい》に於けるよりもまされりとて劣るものではありません。舎利弗といえばすぐ目連《もくれん》の名を思い出すほど、釈門の両傑ともよばれるほどの人物で、同じところに生れ、ほぼ、前後して殉教の死をとげているのです。大般若経典に登場する弟子の名前は解空第一とよばれる須菩提と、因縁空を耳にして入門した舎利弗がその代表です。何故、舎利弗が「空」をかたる相手にされたかについては、何といっても須菩提と同じく、大乗の空理を充分に理解するに足る智慧をそなえていたにちがいありませんが、私の今日まで目にはいりました特例は慈恩《じおん》の心経註である『幽賛』に、「彼の舎利子は先きに大心を発す。眼を施すに因るが故に」と誌してあることです。「大心」というのは「大乗」の利他大悲のこころであり、熱烈なる殉教者的な「菩提心」のことです。普通、釈尊の弟子はひとしく「声聞《しょうもん》」(Śrāvaka)、今日の言葉でいったら何といったらいいでしょうか、釈尊面授の生徒とよばれ、自利の代名詞のように用いられ、形式的な戒律だけを守ることを教えられて、ほんとうの熾烈なる利他の仏心を理解しなかったものと判定されているその声聞弟子の中で、この舎利弗が須菩提と同じく無相般若の説法の座によばれていることは、舎利弗に関するかぎり、外道の折伏《しゃくぶく》のために、その伝道のために、自ら肉眼をぬいて相手に施したという、菩薩英雄文学の好材料を提供したからであろうという『幽賛』の推測は真実をかたっているものと思われます。ということは、ここで「舎利子よ」と呼びかけられたことは、舎利弗に人並はずれた烈々たる「上求菩提、下化衆生」の宗教的精神があったことを見ぬかれたからであって、この点、全く、弟子の一人としては理想上の人物である観自在菩薩と、寸分その風格においてちがっていないことを証明しているのです。しかも、その観自在菩薩も、はては、舎利子も、それは決して余人ではなくして、釈尊がわれわれ万人によびかけられているものであることに気づいてみると、これは余程の決意をもたなくては返事が出来ないと思うのです。この点、心経がいわゆる声聞の弟子舎利弗に向って大乗の深義を説いていることは、声聞をこっぴどくつるし上げているような維摩経その他の大乗経典とはちがっている特色であり、心経に於ては大小二乗が、舎利弗という史的人物と観音という理想の人格との調和を通じて渾然《こんぜん》として大小一味の仏法になっていることを示しているものとも見るべきでしょう。ここにも心経のもつ大きい特色の一つがあります。

色即是空

「舎利子」につづくのが有名な「色即是空《しきそくぜくう》、空即是色《くうそくぜしき》、受想行識《じゅそうぎょうしき》、亦復如是《やくぶにょぜ》」の文句でありますが、この一句が心経の心要眼目ともいわれるところでありますから、まず「色即是空」の一句から説明してみましょう。勿論、玄奘訳では「色不異空、空不異色」と始まりますが、この「不異」（ことならず）というのは別段特別の意味があるわけではなく、明曠の『心経疏』にも「色不異空」を説明して圓融三諦の理を示すとなし、「色を滅して空となすに非ず、空を離れて是色とするに非ず」としています。林田茂雄《はやしだしげお》さんの心経講話でひどくこの「不異」というところにひっかかって、同じではない、特別の意味があると説明していますが、それは原文の文法上からいっても、思想上からいっても何の根拠もないところです。もっとも、原文にはその前に、玄奘は訳していませんが、「この世に於ては色はみな空にして、空ぞ色をかたどれり」の一句をそえているのですが、これとてもみな同じことをくりかえしたまでだと思われます。さて、ここに「色即是空」とありますことは、前講の「照見五蘊皆空」のところでくりかえし説明しましたので大体おわかりのこととは思いますが、心経の眼目ですからもう一度、くどいようですがはっきり説明をして置きましょう。ここに「色《しき》」といっていますことは物質のことで、次に出ている「受想行識」の四つを加えて、われわれ人間をつくり上げている五つの要素、条件、つまり「五蘊《ごうん》」となります。「五蘊は自性とした空なりと照見したまえり」と観音菩薩のところに出ましたから思い出して貰えるでしょう。「五蘊」の一部であるこの「色《しき》」、爪髪歯皮膚乃至は五臓六腑というものは今はこうやって生きていますから、つやつや水々しくも見え内臓も順調に動いてはいますが、これらはいつまでもそうありつづけるとは限りません。本来、こうした「色」はみんな本質というものがないのです。からっぽです。がらんどうです。一刻もとどまらずに変化しているのです。仏教ではこれを「無常」というのです。不連続のことです。ですから、何一つだって不安定のものです。ただそれは因縁により、条件道具立てによりまして具合よくととのっているところにわたくし共の人間態がつづいているのです。ところが、われわれ平凡の庶民にはそんなに不安には思えないのです。それは色の固定安住のすがたに執著しているからだというのです。この肉体はいつまでもこうやって生きているものだ、生きはたらいているものだと思いこんでいるのです。ちょうど火縄をぐるぐる早くまわすと、火輪が空中にうき上がっているように見えるようなものだというのです。仏教では「旋火輪《せんかりん》」といっています。たしかに火縄の回転をおそくしますと火輪はなくなって火縄だけが目にはいるように、わたくし共の肉体を構成している物質もわが目には、六十年来かわらぬように(有常)

思えますが、その実体は刻々に老いてゆき、くずれ弱まって行っているにちがいありません。それが急に心臓がとまったり故障が起ってきますと、今更のように生命体の有限にして不安定のものであることに泣きわめくのです。「色即是空」とわかったら凡夫ではありませんが、「空」のさとりが出来なくて、いつまでも「色」に執して、色の常住、我相に執著しているのがわれわれです。「空」に生きることの出来ぬわれわれは、かくしてつねに不安定のものを不安定と知らずに生きているのですから、大不安定の生活をしているわけです。仮のものを実体とつかみ、自性のないものに自性ありと執し、自我のないところに我相をいだき、規定されているものに孤立自主独存をみとめているドン・キホーテのような日々の生活を送っているのです。映画は一コマずつの連続であるのに、それが早くまわされるとわれわれ観客はそのラブシーンにうっとりしているようなものです。

大智を成ずる

賢首は心経の註釈でここをこういっています。「色即是空と見て大智を成じて生死に住せず」

と。「色即是空」の境地は普通凡夫の日常生活から一歩高くか、深くか、とにかく凡眼にうつる色相に一旦目をとじて、色の本質が空無であること、「いろはにほへとちりぬるを」と観ずるところに、初めて「空の目」、「空の大智」が生れてくるのです。観音の照見であり、観自在です。自分の生命をいただきながら執すべからずとうけとり、淡々たる心持で自分の今日生きているかりそめの生命をおしいただくのです。この肉体のなめらかさにそっとふれてはみるが、そこに存在《ぞんざい》に観ぜずして、無体、勿体なさを観ずるところに「空の大智」が生じてくるのです。この大智が出来れば、自然と観音のように自分への執著が身軽になり、世の中につくしたいという大悲が動いてくるのです。

空即是色

ところが、ものというものはとかく極端に走り易いもので、「空の大智」が首尾よく正しく出ればいいが、うっかりすると、大智にならずに「空」の途中にひっかかってしまうのです。これを仏教では「偏空《へんくう》」といってきらうのです。正禅でなくして野狐禅《やこぜん》、魔禅のような邪道です。というのは、「色即是空」のメスをふるって立ち上がりますと、斬馬斬人、刀にふれるものを両刃《ば》できりすぎるのです。一切の人間干渉を「是空」ときりすててゆくと、一体何が親子・夫婦・兄弟・主従の関係であろうか、何故に親は子に、子は親に恩情をいだくべきか。君主・元首畢竟何者であるか。夫婦といってみたところで、兄弟姉妹といったところで、これは一体なぜ親しくせねばならぬかとの疑いが起ってきます。左翼理論の危機不安もそこにあり、理論だけ、頭脳だけでメスを振りまわして行ったら最後は自殺以外には残りません。そうした「色」の現実を忘れた偏空者《へんくうしゃ》を仏教では声聞縁覚の二乗と貶称《へんしょう》します。これは人間の現実を破壊し、「天理人道を破り」世間法を混乱させ、結局、現実にくいちがってゆくのです。そこを反省したのが「空即是色」です。賢首の註は「空即是色と見て大悲を生じて涅槃《ねはん》に住せず、色空の境不二、悲智の念不殊《しゅ》にして、以て無住所行《むじゅうしょぎょう》を成ず」と喝破《かっぱ》しています。生命は「空」であると観じてみても、生きている間は生きているし、心臓はコツコツと鼓動をうっています。この現実を否定することは出来ない。してみれば、「色即是空」と観じながら、また、そっとおしかえして、ふんわりと「空即是色」とうけとるのです。この押しかえしが大乗仏教の特徴であり、一つの革命的見解です。だから厭世家にならずに色に即して色の当体、そのまま「空」

とうけとるのです。それは「大悲」だというのです。君臣親子の関係に「色即是空」のするどいメスを大智として振ってはみたものの、もう一遍思いかえして「さはさりながら」と現実の存在に立ち戻って「大悲」の空の目をもつのです。だから『決談抄』という心経註には「天地不恩の大恩を知り、君臣不恩の大恩を知り、一物も置かず、人のほむるにも格別悦ばず、只折にまかせて放下著《ほうげじやく》」といっているのはいいえて妙であると思います。疑いきってとうとう疑いきれぬ現実の一端に生きるというか、否定し否定しきったところに許す肯定の一局が、大乗の大乗たる「空即是色」の境地ではないかと思います。「色相の上、当体色相を見ず有り乍ら空」と、古註のいっているのは意味深長であります。

ここに心経が大乗の極妙を示しているといわれる所以です。「色即是空」はすでに小乗でひろく談ずるところ、「空即是色」の一句に至ってはこの心経の心経たる所以、大乗と小乗とを区別する一点でもあります。頭脳の上で「色即是空」とつめたく否定しながら、もう一度現実にふれてあたたかく「空即是色」と肯定してくるところが、大乗経典のエッキスたる心経の中枢であります。古歌に「捨てはてて身はなきものと思えども雪のふる日は寒くこそあれ」とありますが、ここにこそ枯木寒巌なお一味の暖気ありという境地であり、頭では五蘊を空じ去ったつもりでも、手足の感覚(受)が寒暖を知っているのです。ここに大乗仏教の合理精神というか、積極倫理、経済倫理、実存哲学とでもいうか、そうしたものが生きている所以でありましょう。仏教が山中の仙人の哲学にならずして日常茶飯の脚下に仏道を体験しようとする所以のものはこの一句につきています。

空に生きる

心経は「空」の一字につきていると昔からいわれていますが、この「空」の一字を正しくつかみさえすればいいのです。ところが今日までこの「空」という字を、小《こ》むずかしく哲学的にこねくりまわすものですからいよいよわからなくなってしまうのです。中には「空」というものの実体がどこかにあり、これが「絶対空」だとか、「真如」、「第一原因」だとか言い張っていますが、そんな「絶対」などといいはらぬのが心経の「空」です。「空」という字を静止的に、実体論風に考えずに、「空ずる」と動詞にか、からっぽという形容詞にうければ大きなまちがいはないのです。

「色」をぎゅっとにぎらずに、汗の出ぬように、ふんわりとうけとることが「空」です。たとえば、自分の生命、体力、名誉というものを永久的のものと執せずに、今日一日のおあずかりもの、一期《ご》一会《え》のものとしてうけとること、この悠々淡々たる生活態度が「空」です。ですから、賢首などもその心経註に「以て無住所行を成ず」といっています。ひっかからぬ「不住」の気持です。理窟にも現実にもひっかからぬ、何物にも執著しない生活態度を「空」というのです。龍樹などはこの「空」のことを「中」という言葉であらわしています。ものの極端に走らぬこと、「色」にも「空」にも走らぬこと、そこに争闘がなくなり平和が生れるというのです。今日世界が両陣営に対立して左右両翼のイデオロギーに争っていますが、いずれも「空」を忘れた結果です。大智と大悲の二つが綜合されていない証拠です。つまり、「色即是空、空即是色」ということは、世界の説明、人間の説明からふりかぶってはいますが、心経のねらいは大宇宙の説明のような閑葛藤にはなくして、どこまでも人間の在り方、生活態度、われわれ日常の方式（way of living）にあるのです。不偏不執の中道的生活態度が「空」の教えるところです。ですから、心経からいえば捨てるべき一法もありません。「色《しき》一香《こう》無《む》非中道《ひちゅうどう》」ですから、性欲も財欲もそのところをえれば、あえて否定すべきものでなく否定しうるものでもありません。それを深追いしないでそれを生かして行くのです。明曠の『心経疏』にも「色を滅して空と為すに非ず、空を離れて是色に非ず」として圓融三諦、中諦の理を説明しています。この心経の大乗倫理をもっともっと現代に押し出し、つき出してゆかねばなりませんのに、空談に終っているのは心経を殺しているのです。そこに科学と一致した本当の宗教、世界観が日常生活の上にうち立てられるのではないでしょうか。

第四講　増減のない世界

舎利子《しやりし》　是諸法空相《ぜしよほうくうそう》　不生不滅《ふしようふめつ》　不垢不淨《ふくふじよう》　不増不減《ふぞうふげん》　是故空中無《ぜこくうちゆうむ》
色《しき》　無受想行識《むじゆそうぎようしき》　無眼耳鼻舌身意《むげんにびぜつしんい》　無色聲香味觸法《むしきしようこうみそくほう》　無眼界乃至無《むげんかいないしむ》
意識界《いしきかい》

舎利子《しやりし》よ、是《こ》の諸法《しよほう》は空相《くうそう》なり、不生《ふしよう》にして不滅《ふめつ》、不垢《ふく》にして不《ふ》淨《じよう》、不増《ふぞう》にして不減《ふげん》なり、是《かく》の故《ゆえ》に空《くう》の中《なか》には色《しき》も無《な》く、受想行識《じゆそうぎようしき》もなく、眼耳鼻舌身意《げんにびぜつしんい》も無《な》く、色聲香味觸法《しきしようこうみそくほう》も無《な》く、眼界《げんかい》も無《な》く乃《ない》至意識界《しいしきかい》も無《な》し

諸法空相

「舎利子」と再びよびかけた心経は読者の心を新たにして、ここで五蘊の説明から大きく飛躍して、一切諸法の観察にひろがってくるのです。この「諸法空相《しょほうくうそう》」を従来の訓法なり、註釈によると、「是の諸法の空相は」と読むのを例としているけれども、原文には「諸法」を「一切法」(Sarvadharmāḥ) とはっきり表現し、「空相」(Śūnyatālakṣaṇā) と同格になっていますから、「一切法は空性の特徴をもてり」と理解すべきだと思います。ただの「空」でなくして「空性」ですし、空相の「相」の字はすがた、相状にはちがいないが、むしろ特徴、印相、性格のことであります。「空」といったからとて「空無」のことでもなく、さきにものべたように、すべての法というものは永久に不易、不分割の本質をもっているものではないということ、さればこそ、いろいろな原因条件のままに——仏教流にいって因縁のままに——一切法、一切の現象としてそのすがたをいろいろに示すのであります。色受想行識の五蘊がまとまって人間という一生物体をあらわすかと思うと、眼耳鼻舌身意というような人間の六根としてあらわされる。

そうかと思うと、その六根の対象である色声香味触法として六境のはなやかな、にぎやかな現象界をあらわす。これらも本来は「空性」でありますが、「空性」なるが故に因により縁にもよらされて、この全世界の一切の森羅万象をつくり出すのです。前講に「空即是色」という一句がありましたが、空相なればこそここに「色」としてあらわされてくるのです。からっぽの水入れなればこそ水瓶になるのです。こんなに美しい、いろいろの花が地上に咲き、美味の果実が樹々になるのも本質とか自性とかいうものがなく、この宇宙は実に流動変化止まらざる自由態であって、縁あり、因きたって、色相を現わしているのです。互いに一寸した影響でも与え合い、受け合ってこの地上に七花八裂の極楽界を顕現《けんげん》するのです。もし、一つの花にはその花の自性だけが永久に恒存して変らなかったら、何とこの地上は単調にして味気ないことか、人間の努力も「空無」に帰し世の中は単一に自殺するでしょう。「空性」なるが故に融通無礙、一挙手一投足に全世界がひびき合って、この地上に複雑きわまりなき色とりどりの宇宙曼陀羅《まんだら》相を顕現してくれるのであります。

三組の否定

つづいて心経は三組の否定を一切法についてのべています。つまり一切法の空相の説明に三組の否定をつかったのです。不生と不滅、不垢と不浄、不増と不減の三組の否定で、仏教ではこれを三対六不といっています。「六つの不」というわけです。これについて思い出すのは、龍樹に「八不中道」ということがあり、「不一、不異、不去、不来、不生、不滅、不常、不断」の四組の否定です。一切の対立を否定して中道の実相を、人生の本当のすがたを示そうというのです。

不生と不滅

諸法は「空性」の表相ですから、別段新たに生れたということがないというのです。第一、「新たに」などということもないのです。この世界は誰かによって初めてつくり出されたものではありません。始めもなく終りもない、無始無終の大宇宙です。凡そ、この世界に初めての、生れるの、つくり出すの、ということはありえないのです。あらわれるのは前からあらわれるように長い間用意されていたものが、出現して凡眼にそのすがたがはいるだけのことです。よく急病の、頓死のということをいいますが、それは素人の言葉でして、玄人の医者には発病の原因はながくひろく、複雑であったにちがいないのです。素人は急に竹薮に筍を見つけてさわぐけれども、それは生れたにはちがいないが、さきにあった竹の親根からおもむろに、計画通りに分生したものにすぎないのです。親のない子供の新生もありえない。神様がこの世界をつくったの、人間を一日で生みつくったのというのは「空」の道理を知らぬ未開人を納得させる夢物語にすぎません。この社会に於て突拍子もなく、突然生れるというものはありません。みんな因《たね》があります。その因があらわれうるだけの環境条件がなくてはあらわれません。だから一切法は不生です。本不生(本来不生)ともいいます。これも大乗仏教の高い哲理、深い宇宙論です。これが「空性」というのです。不滅ということも同じようなことで、この世の中に亡くなるということは絶対にないわけです。人間は死にますが、それは滅したのではなく、肉体が消長変化してゆくだけです。エネルギー不滅の原則ということを科学者がいいますがその通りで、およそこの地上にあるものは変ることはあっても死滅するということはありません。ところが凡夫には一子を得て天に上がったように喜び、一子を失って号泣する。無理もないことですが、生れてきたときにすでに死の約束が出来ていたのに、生れた自分の子に死のないことを執するところに凡夫の涙があるのです。生も滅も大宇宙から見れば一呼吸にすぎません。生も必ずしも喜ぶべきでなく、死も必ずしも悲しむべきではない。新たに生れてくる人があるから安心して死んでゆけるのですし、死することがあってこそ、この社会に新生の気が流れ入るのです。生れたものがいつまでも長生きされたのでは社会の文化は向上してゆかぬのです。この不滅の道理が大乗仏教の一つの旗印です。ですから「常楽」という言葉が無常の主張と矛盾なく通用しているところに、仏教のむずかしさもあるわけです。

不垢不浄

原始仏教では、「不浄観」ということをやかましくいって新入の弟子信者の熱っぽい頭をひやそうとします。美しい女性を見て煩悩を起そうとするものに、一皮むいた不浄の女の体想を観じさせて修行の役にさせます。ところが、心経は三組の否定の中で二番目に「垢穢不二《くえふに》」を力説しようとします。われわれは大小便を不浄視するが、釈尊の在世時代には小児の尿は薬水に使用されたと経典は伝えています。なぜ大小便が不浄か、栄養にはならぬように本能的に気づく不快の臭気が残ってはいるが、消化機能で栄養をしぼりとった純粋の粕でもあります。これを巨細に調査したら定めしきれいなものでありましょう。うじ虫がきたないというけれども、これなしには有機物に役立つように食物を分解しないときいています。われわれの消化器の中でも、含水炭素がこうしたうじ虫の力をかりて分解され、われわれに栄養をとらせているのだときいています。われわれが素人考えによって、きれいの、きたないのということは一体何を標準としているのかいい加減なものです。われわれ少年時代にはおかねを不浄だといいました。通貨紙幣が不浄であってどうして経済文化が発達するでありましょうか。性生活を不浄だとするのは、日本の原始社会にあった神道風のけがれの思想からきていると思いますが、もし性生活全体が不浄であったら、人類の生活も、文化も、釈尊のような教祖によってとかれた宗教も不浄でなくてはなりません。釈尊も父母の和合によってこの地上に生をえられたのです。人間の性欲の中には妄執《もうしゅう》がないわけでもありませんが、これを自制することによって、かえって人間生活を正しく刺戟して青年男女に発奮の機会をさえ与えるのです。親鸞上人が「煩悩の氷多ければ菩提の水多し」と述懐していられるように、性生活に悩むことのつよい人ほど宗教生活への掘り下げがつよいのではないでしょうか。つまり、不浄の、浄の、というような差別は根本的のものではなく、白蓮花がかえってきたない泥中に生れるように、諸法は空相であって、浄もなく、不浄もなく、毒も薬もないのです。この不垢不浄はただきれい、きたないという問題ではなくして、人間には煩悩《ぼんのう》があるか、ないか、人間は善か、悪かという人間の性質に関する問題がとりあつかわれるのです。そして結論としては「煩悩即菩提」という境地でしょう。

不増不減

幼児ほど自分の手にもつ果物の数が気になり相手方とくらべたがるものはありません。親の目には林檎《りんご》の一つ二つの増減はあまり気にならぬのです。それと同じように、お互い凡夫は数の生活をしている関係上、数の増減が一番、気になるようです。少し月給がふえたといっては喜び、へったといってはさわぐ。それも実際上やむを得ないことですが、はたして、そんなにさわぐ必要があるだろうかというのが心経の人生観です。月給が増したように見えるが、それはほしいものが増加したことだし、外出の増加、観映の回数、消耗時間の増加にうつってゆくにすぎません。へったからといって何も必ずしも悲しむには当りません。大きな宇宙から人生の谷底を見ると、うりやなすびの花盛りの下世話のように、大海の一波瀾にすぎないのです。それは今日の科学者の助力をかりずとも、この世の中は増加もせず、減少もしていないことは海水の量のようなものです。三寒四温、五風十雨、大量観察をしてみるとさほどの増減はないのです。ましてや損得の観念などは、これを一朝にきびしく勘定することは出来ません。「人間万事塞翁《さいおう》が馬」の諺《ことわざ》の通り、長い目で見れば「損して得とれ」ともいい、「急がばまわれ」ともいっています。原子力の発明によって急に勢力が増大したように思っていますが、宇宙は昔から原子力などのエネルギーを温存していたのに、人間が気づかなかっただけのことです。人間だけが小ざかしい頭で増減をいさかっているのは笑止の至りといわねばなりません。因縁の生起なしには、一法も増すべからず、一法も減ずべからず、ただ因縁にまかせてその増減にとらわれぬ見方をすることです。増減をのりこえた生活をするところに得失一如の心境をうることが出来るのでありましょう。

六不と八不

これで三組の否定が一応説明されたわけですが、「六不」の要はその対立をのりこえること、中道をねらっているわけです。龍樹の八不は「不一不異」にはじまりますが、同じものだ(一)ちがっているのだ(異)、という対立はのりこえるべきだというのです。この世の中には完全に同一物もない、全然ちがっているものもないわけです。二番目は「不去不来」、去った者がとかくうしろ髪をひかれるように回顧し、来た者が逆に灯台もと暗しになり易く、去ることも来ることも一様だというのです。三番目の「不生不滅」は六不と同じですが、四番目は「不常不断」で、常恒不易というものもないし、完全に滅無するものもありません。肯定も否定も共にゆきすぎであるというのです。今日の社会にはこの六不八不のほかにも、唯物論や唯心論、右翼や左翼など、かなりの対立論争が見られますが、どの一組の対立といえども、本来空であり、諸法空相からいえば一切止揚さるべきものでしょう。

是の故に空の中には

色受想行識も、眼耳鼻舌身意《げんにびぜつしんい》も、色声香味触法《しきしょうこうみそくほう》も、眼界乃至意識界《げんかいないしいしきかい》も無しと、五蘊六根六境六識、専門的にいいますと、五蘊十二処十八界を否定するという段取りです。ここで「空の中には」(Śūnyatāyāṁ) とありますが、「空の前には」とか、「空の立場からいえば」というような意味に解さるべきでしょう。さらにはっきり言えば、心経のとる大乗的立場から見ればとか、仏教本来の見方からすればと、解すべきでしょう。すでに前講、「色即是空、空即是色」の条下でのべたように、「色即是空」は原始仏教以来、小乗上座部系《じょうざぶけい》仏教の堅持してきたものでありますが、「空即是色」は全くそうした原始教会の伝統古典を破って、大乗の積極的世界観を打開したように、ここでも、上座部系《じょうざぶけい》の物の考え方、五蘊十二処十八界、いわゆる「蘊処界の三科」の思想大系を一括否定しようとするのです。旧仏教の保守派にとっては、まさに青天のヘキレキとでもいうべき爆弾的破壊動議だと思います。まず大体「般若空」の主張は、地理的にみて南印度地方に興隆したものと思われますが、西北印度、今日のカシミール地方に栄えていた上座部系の有部《うぶ》——一切は有りとの説を立てる一派——薩婆多部（Sarvāstivādin）の人々にとっては、この三科の否定は全く異端の邪説のようにうけとれたことでしょう。
「五蘊皆空」とうけとれば、空の中には色受想行識などという区別を立てる必要もなく、区別そのものもないわけです。第一、上座部系の仏教ではこの「五蘊」というものの数え方に後生大事にしがみつきすぎていますが、これはある心経の註釈者が道破したように「きざみ仏法」、つまり分別仏法であって大局を逸するきらいがあります。また、実際に、冷静に考えてみましても、われわれの肉体、人間態をどうして五蘊などと五つにかぞえたものであろうか、かぞえねばならなかったろうか、特に、物質面は「色」の一つ、精神面を受想行識の四つにかぞえることがすでに不平均ではないでしょうか。また五蘊の一つ一つをようく考えてみますのに、第一の「色」だって色そのものなどというものが孤立し独存しているわけがなく、眼があってこそ「色」がみられるように、すべて因縁によって仮にそうした「色」のすがたを示現しているだけのことですから、厳密に分別区別することは出来ません。受といい、想といい、行といい、識といい、そうした四つのものが別々に存立するわけではなく、五蘊そのものは自性として空なのですから、それらを生起させ、支えているもの、因縁を支えとしてのみ考えられるのですから、空の中には色受想行識の区別もないわけです。ないと申したからとて何もないのではなく、迷える者が説いて五蘊となし十二処十八界と区別しているのです。ある古註には「何の分別なきが空なり」と喝破しています。

眼耳鼻舌身意の六根と、これに相対する色声香味触法（かんがえ）の六境、つまり十二処とか、十二入とかいわれるものは、一応われわれ凡夫としての区別にすぎません。たとえばわたくし共の眼で外界の青黄赤白黒の色をみるといいますが、見えている色彩が色彩の全部ではなく、赤外線や紫外線など無数にあるのです。勿論、その有ることになっているいろいろの色といえども、これは音波と同じく光波によってわれわれの眼の作用と一致するか、しないかによって、有るようにも、ないようにも見えるのです。その光、その色そのものを更に掘り下げてゆきますと、色の、光そのものの、などというものはどこにも存在せず、いろいろの力の働き合いによって、色や光のすがたがわれわれの目にうつるにすぎぬようです。このことは耳の対象になる音声についても同様で、音が余りに大きすぎても、小さすぎても、われわれの耳には入らぬのです。その音波そのものを分析してみても、われわれが考えているような音ではなく一つのエネルギーにすぎず、「畢竟空」ということになります。鼻と香、舌と味、身と触、意と法との組み合せにしたところで、みんな因縁によってこうしたむすびつきが出来るだけで、当体そのものは一刻もとどまらぬ無常遷流のすがたにすぎません。ですから、普通常識で考えるような眼の及ぶ境域――界（Dhātu）――視界というものが決定的、固定的にあるものではなく、乃至耳界鼻界舌界身界意界、さらには眼識界、耳識界乃至意識界というような限界はありえないのです。「空」の立場から見れば、この大宇宙には蕩々《とうとう》として限局をつくるべきものは一つもないのです。しかも、最初にのべましたように、この大宇宙には生滅もなく、垢浄もなく、増減もないというのです。今まで小乗の「きざみ仏法」、門構えや塀ばかりつくっていた仏教に、「大道無門」、「無門関」の一大乗の「つかみ仏法」を打開したのがこの心経大乗であります。本講の本文は字数にして六十字足らずでありますが、そのあつかっている問題は、全宇宙、全人生に及び、「きざみ仏法」にあくせくしていた小人の目を大海に向けてくれたような活文字であります。

第五講　迷悟を越えて

無《む》無《む》明《みょう》　亦《やく》無《む》無《む》明《みょう》盡《じん》　乃《ない》至《し》　無《む》老《ろう》死《し》　亦《やく》無《む》老《ろう》死《し》盡《じん》

無《む》明《みょう》も無《な》く、亦《また》無《む》明《みょう》の盡《つ》くるところもなし、乃《ない》至《し》、老《ろう》死《し》も無《な》く、老《ろう》死《し》の盡《つ》くるところも無《な》し

不垢不浄

五蘊の皆空、つまり人間態の組み合せで出来ていることをとき、さらに進んで、十二処十八界というきざみ仏法の物の考え方を否定してきた心経は、三対の否定のメスをふるって不生不滅、不垢不浄、不増不減の空相を明らかにしてきました。「不垢不浄《ふくふじょう》」といえば、文字通りに読んだひとは、垢もつかず、美しくもならずと解するのが普通ですが、仏教の約束によると、「垢」は煩悩のことであり、「浄」はさとりのことです。もっと専門の言葉をつかってみると、垢に染むとか、染汚《ぜんま》といっています。人間には無始《おおむかし》から常に尾を引いている染汚《ぜんま》無知《むち》というものがあって、わるいことをしまいと自分でいくら努力しても、その本能的な無知に動かされてわるいことをするのだという説明をするのです。ところが、心経は人間は本来空相だから、そんな風に思うだけで、本来人間というものは性が善でもなく、性が悪でもなく、「不垢不浄」であるとします。つまり、この宣言によって人間性の完全な自由の見方を教えるのです。無明以下のこの一節はもっぱら、この「不垢不浄」の一句を論理的に説明しようとするものであります。心経は、自分の舟から不必要な荷物をどしどし海中に投げすてて、舟の安全とスピードをあげようとするように、人生をさらさらと、何のこだわりもなく、悠々と歩ませようとして、不必要な偏見の一切をすてさせようとするのがねらいなのです。つまり、昔からの言葉でいえば、「分別《ふんべつ》」（あれこれとわきまえること）をすてさせようとするのです。

無明

誰しも「無明《むみょう》」の名をきくと「無明煩悩」と連想し、迷いの根本とうけとっていますが、その場合、この無明というものを、何か固定したもの、どこかに人間の迷妄をみちびき出す無明の大根源があるように思いたがるものです。正直のところ、宗教的内観のつよい人、わけても浄土門の人々などは、自己の醜い精神生活の反省により、その罪業の深重なることを思いめぐらすとき、ただそれは自分の精神のはたらきによるばかりでなく、自分の精神力ではどうにも左右出来ないような宿業《しゅくごう》が、自分にはたらきかけていはしまいかと思われる場合があります。たとえば、自分の欲望、とりわけ異性に対する性欲の執念ぶかさ、財産や名誉に対する欲望の深さをつらつら考えてみると、それは到底一朝一夕のなまやさしい感情とか、欲望とかいうほどのものではなくして、もっともっと深いところに根があるように思われるのは自分だけでありましょうか。それどころか、そもそも、この人生なり、宇宙なりが、理性で合理的に始末のつくようには出来ておらず、むしろ、迷妄無明というようなものがこの世界、又はこの人生の創造発展の根本原理ではないかとさえ考えたくなるのです。キリスト教でも「原罪」という考え方をもって、人間が神意にそむいたその「原罪」のはたらきによって、今日の罪悪をつくっていると考え、そこに救世主《メシヤ》という宗教信仰が生れているのです。浄土門のように、さとりの世界とまよいの世界とをひどくかけはなしている考え方をもっているところでは、人間の迷妄は無始以来の多劫《たこう》の無明煩悩のいたすところと反省し、そこに自らを罪悪生死の凡夫とうけとり、その上に仏陀如来のすくいを求めるという風にうけとっているのです。おそらく、釈尊在世の弟子や信者達も、それほどに無明の上に形而上学的な根本原理を見出してはいないまでも、人間生活に於ける迷妄無明のつよい働き方については、きびしい反省をもっていたろうし、仏陀世尊の人格の中に一朝にして近寄りにくいさとりの境地を仰ぎ見たでありましょう。仏陀と凡夫、略して「仏凡《ぶつぼん》」の間に相当の距離を感じたことでありましょう。これが十二因縁に於ける無明、愛、取の四諦に於ける「集諦《じったい》」の反省として深まって行ったのではないかと思われます。それがいつの間にか形式化し、固定化して、迷と悟の世界として、くっきりと本質的に別のものにしてしまうようになったと思われます。般若心経はそうした仏凡隔歴、迷悟対立の考え方を打破して、その一体不二を明らかにしようとしているのです。だから、「無明」ということは「無知」ということ、釈尊の根本思想についての無知、たとえば、苦、苦の原因、苦の絶滅、絶滅に至る方法、つまりは四諦の一々について正しく知らぬことをさすにすぎません。だから「無明」のことを、また「痴」という文字であらわしている場合が多いのです。つまり、人生についての道理を知らぬことです。だから最初に「無無明」といっているのは、無知無明がないというのではなく、『幽賛』には「無無明」とは、「無明は仮名であって、無明という自性があるわけでないから無となす」といっています。だからまよいそのものなどというものは本来ないというのである。「亦無無明尽」もその通りで、すでに無明そのもの、まよいそれ自体というものが本質的に、実体的にない以上、そのまよいや無明の尽きてなくなるということ、つまりは、さとりそのものというものもないのです。迷悟はダイナミックに流動しているものであって、どこかにちゃんと固定し、止住しているものではないのです。仏も昔は凡夫であり、凡夫も努力次第で未来は仏であるのです。ですから『止啼銭』にもこう説明しています。

「凡ソ無明ト云ヘハ幼年ヨリ悪ルヒコトナリトオボヘテ無明ガ積《ツモ》リテ有ル物ノ様ニ思フ、左《サ》ニハアラズ、自心ヲ知ツタト知ラヌトノ差《チガ》ヒバカリニテ知ラヌ心ガ凝《コ》リテモナク知ツタ心ガ解《トケ》ルノデモナイ。唯自心ヲ親シク背《ウベナ》フ時ハ今マデ知ラヌ無明ノ実性ガソノマヽ明ラカナル仏心ナリ。コレヲ無明即明ト云。必シモ無明ヲ開《ヒラ》ヒテ明ニナルニハアラズ。然レドモ自心ヲ知ラヌユヘニ隔テラレテ、天地ノ差《チガ》ヒトナルナリ」。勿論、この註釈は禅家のものでありますから「自心ヲ知ル」を明としていますが、釈尊の根本思想を知ることと同一です。同じ系統の『一滴談』にも「明ト無明ト、元是一体ナルコトヲ了解スベシ、無明ト云モ即チ無中ノ無明ニシテ無明ト名ツクベキ物モナシ。故ニ今始メテ無明ヲ尽《ツク》スト云フニハアラズ、無明ノ当体、本ヨリ自性ナシト究明《キユウメイ》スレバ過去際、久遠劫ヨリ尽キテオルナリ」といっています。大乗仏教で本覚《ほんがく》、始覚《しがく》ということを論じますが、ここに判然と、今さとったの、昨日さとったのというものではなく、すでに本来さとっているとうけとることも出来るわけです。これが「本覚」であります。法華経の思想はここに根をもっていることを注意して置きます。

罪を憎んで人を憎まず

世間で庶民の言葉として「罪を憎んで人を憎まず」ということをいいます。何でもない言葉のようではありますが、かみしめ方、うけとり方によると、非常に深いものをもっているように思われます。西欧にはこの言葉を理解する思想の準備が乏しいと思われます。西洋では、人間の罪の根は人間自身にあると考えるらしいのです。それも罪をやった個人でなくして、そもそも、神のつくったといわれるアダム、イヴの原人の犯した、神から禁断された果実をたべたことに由来するというのです。だから人間の罪悪は宿命的であり、もっと皮肉にいえば神慮であり、神の救済上の計画でもあるといわねばなりません。ところが仏教に従えば、「不《ふ》垢《く》不《ふ》浄《じょう》」であり、「無《む》無明《むみょう》亦《やく》無《む》無明《むみょう》尽《じん》」ですから、たとえ一つの罪を犯したりとも、その罪の形成、成立の順序はいろいろの原因条件や、彼をとりめぐる環境によるものであって、人間としての彼自身の本性にあるのではないというのです。何かを盗んだとします。勿論、そのことは批難さるべきことではありますが、その盗みの行為の根源は、彼自身の心性の中に遠い過去から人間の原罪として継続して用意されたものではなくして、彼の家庭が貧しかったとか、家族に不幸がつづいたとか、彼に対する教育が行き届いていなかったとか、学友にそうした行為を誘惑する言動があったとか、ちょうどそんな行為をなしうるチャンスが出来てきたとか、これが原因をきびしく分析してみると、十や百ではなく、無数無量の条件、原因、環境が考えられます。悪い縁が彼をこうさせたのです。もし、これと全く反対に、彼が善い条件や環境に置かれていたら盗みなどは行うことは出来ず、立派な行為として周囲に賞讃されるようなことになっていたかも知れません。勿論この場合、周囲の条件ばかりでなく、行為者の道徳観、精神のもち方も固定的、本質的のものではなくて、家庭なり、社会なりの影響をうけて形成されてゆくのです。だから、これをひっくるめて論ずれば、「罪を憎んで人を憎まず」ということが成立するのです。もとより、その人間に道徳上の責任がないとか、司法上罰せらるべきではないというのではありませんが、罪の成立を人間の宿命的本性にのみ固定しようという考え方に対立するものであります。

人尤《はなは》だ悪しきは鮮《すくな》し

これは聖徳太子の言葉で、そのあとに、「能く教うれば之に従う」といいそえてある十七条憲法の一節であります。極悪非道の人間を見聞すると、どうしようもないという絶望感にうたれ易いのですが、聖徳太子はそんな極悪人というものはこの世の中には少ないというのです。まず大部分の人間というものは、教化の対象となりうるというのです。いかにも政治家らしい、ずるい表現ではありますが、この一句の中には、やはり仏教の人間観とでもいうものが流れているのではあるまいか。人間の性格などというものは性質が悪だとか、性質が善だとか固定したものではなくて、仮にそういう特例があったところで極めてまれの事例であって、「とてもとてもわるい人間などというものはほんの少数である」というのです。教え方によってどうにもなるという、仏教教育の可能、人間性の自由を示している点、この心経のねらいに通ずるものがありはしまいかと思います。

十二因縁

本講の行句は略字が多くてわかりにくいのですが、要は十二因縁をといているのです。おかしいのは梵文の心経で「無無明」の前に「無明」(Na vidyā)とあり、そのあとに「無明尽」(Na vidyā-kṣayo)とあるので、これでは十三因縁になってしまい、意味も通じないことになるので、梵文の方は誤写であろうと思います。勿論、しいてこれを説明して出来ぬことはなく、すでに無明というものの実体を否定しようとする以上、明そのものの実体、明の尽ということを否定したところで何の不思議もないことです。十二因縁という考え方はいつ頃から仏教教団に発展してきたものかはっきりしませんが相当に早く考え出されたものと思われます。普通の釈尊伝では、三十五歳の十二月八日に菩提樹下でさとりをひらかれたときの考え方は、この十二因縁の順逆の二つの観法であったといわれているので相当に古く、この十二という数がまとめられたもののようです。十二というのはここに出ている無明と老死の二つの間に、「乃至」の内容に行・識・名色・六入・触・受・愛・取・有・生の十縁がある。普通、次の節でとりあつから苦集滅道《くじゅうめつどう》の四諦は弟子の「声聞《しょうもん》」の観法とされているのに対して、この十二因縁は「縁覚《えんがく》」という孤立のさとりをひらくものの観法とされたのは、勿論後世のことでしょう。元来「縁覚」とか、「声聞」とかを区別する考え方というものは、後世、「菩薩」という思想が大乗的意味をもってきてからのことで、「声聞」、「縁覚」の二乗といえば、小乗のいやしい修行者のように思われていますが、元来の意味からいえば、「菩薩」は修行時代の釈尊のことであり、「声聞」とは釈尊在世の弟子のことであり、「縁覚」とは五比丘に伝道説法せられる以前の独覚の法悦にひたられていた七週間ほどの短日間のことであって、後世にいわれているような、特別に「縁覚」とよばれる仙人や修行者があったわけではないのです。ただ、利他性や教化性を発揮しないで、自分だけのためにさとりの法悦に入った人のことであったにすぎないのです。

この十二の考え方を順観してこの迷妄の世界の関係をさとり、逆観といって、「無明尽」から出発して老死尽に至ってさとりに入られたと伝えられています。これはすべてのことが縁によって起ること、これを縁起論とか、縁生論とかいっていますが、互いに万物は相依って成立しているものだという、物の認識の形式として十二が考え出されたものであって、はたしてはじめから十二であったかどうかも明らかではありません。今日から考えると、何もこの十二がどうしてもこうした順序に並んでいなくてはならぬ理由も考えられないので、おそらく、釈尊在世時代にはもっと十二よりは数少なく、九つとか、三つとか、誰にもわかるような範疇ではなかったかと思われます。正直のところ、十二の中でも最初の「無明」と、さきにある「愛」と「取」とでは考え方によれば同一のことをいっているようにも思えますので、「惑業苦《わくごうく》」とか、四諦の「苦集滅道」とか、もっと簡単な組み合せのものではなかったろうか。そして、その目的も、もっとさし迫った人世観についての考え方として、現実性をもっていた一連の考え方ではなかったろうかと思われます。人生の苦悩は決して偶然ではなく、神や天の摂理でもなく、祟《たた》りでもなく、ただ、起るべくして起り、生ずべくして生じているのです。「これあるが故に彼あり、彼あるが故にこれあり」というふうに、すべては連鎖関係、相依相関のものであること、従って、「これなきが故に彼なし、彼なければこれなし」というふうに人生苦を伏してゆくことが出来るという、合理的な人生観が十二因縁の中心観念ではなかったろうかと思われるのです。

ところが釈尊時代の根本の生きた仏教が年と共に学問化し、職業化し、固定化してくると、この十二因縁のもっている人生観のぴちぴちしたものが失われて、いつの間にか小乗部派に於ては、人間流転《るてん》の胎生学的の解釈と化してしまったようです。これを「三世両重因果」といっていまして通俗の心経の解釈にも引用され、封建時代色を残しているのです。

その説明によりますと、無明は昏迷、行は作業で、この二つが過去世の因、識は妄念を起して初めて母胎に託するもの、名色は母胎の中でようやく諸の形相を生ずること、六入は胎中で眼耳鼻舌身意の六根をなすこと、触は出生出胎ののち、六根をもって色声香味触法の六対象にふれること、愛は世間の好悪等のことを感受領納すること、この五つは現在うけるところの果であるとします。愛は世間に於て貪愛の心を生ずること、取は諸境に於て取著の心を生ずること、有とはけがれの因を作って能く未来の果を招くこと、この三つが現在に作るところの因、生は未来に再び五蘊の身をうけること、老死は未来の身は老いて死ぬことで、この二つは未来世にうける果を示すというのです。これが世間に流布するところの三世両重の因果といわれる、人間の通俗的な、胎生学的説明であって、初期の仏典には見当らないが、有部《うぶ》の経論に段々と登場してくるもので、庶民をして目前の流転の人生を納得させるには格好な幼稚素朴な説明でありましたし、これが二千年間も通俗の仏教徒のこころにつよく印象づけられてきた迷いの世界の説明図でありました。同時に無明を滅しさえすれば、生老病死の迷妄の世界がさとりの世界に転ずること、しかも、これは仏菩薩に於てのみ可能であって、中々われわれ凡庶のものには及びがたい境界であると嘆息せしめたことでしょう。と同時に、こうした人間のすがたを今うけているということが、無明乃至愛取の煩悩の結果であるものとうけとり、救われがたい情感と絶望を人間生活の上に感じたことでしょう。ここに般若無相の大乗思想が登場して小乗仏教徒の絶望感を救おうとするのであります。

煩悩即菩提

十二因縁の昔風の説明をきいていると、こうやって生きていることが宿世《すくせ》の煩悩《ぼんのう》の結果であって、のろってものろいきれないものであることになります。しかし、すでに無明の本体もなければ、煩悩の本性もなく、愛欲が迷いの原因だとはいうけれども、その愛欲によってそのかたまりで生れてきた釈尊のさとりはどうなるのでしょうか。一体「不垢不浄」である以上、この世の中にけがらわしい情欲というものがあるでしょうか。その情欲のつかい方が少ないために悩ましい世相を現ずるけれども、もし、この地上に性欲そのものがなかったら、文明も何もあったものではありません。さとりの、文明のということも、性欲によって生れた人間生活があるからのことです。人間のすべての欲望を不浄のもの、迷いの原因と判定することはゆきすぎではあるまいか。ただ人間の欲望は他の動物にまして過剰であり、往々にして自制のこころに不足が生じるために、まよいや悩みの原因をなすのですが、それは、欲望そのものがわるいのではなく、欲望の原動力は生きんとするちからであります。これは中性であって、善でもなく悪でもなく、迷いでもなくさとりでもありません。この無記中性の生活力を正しい方向に向けさえすればいいのです。ですから、『諸法無相経』という経文の中には、「婬欲《いんよく》も即ち仏道なり、恚痴《いち》もまたかくの如し」といっています。青年子女が知能をみがきその人柄をつくり上げてゆくのも婬欲がさかんであるからです。見知らぬ他人であった男女が、一つの家庭というたのしい社会的単位をつくり上げてゆけるのも婬欲のためです。だから心経の『決談抄』の中にも、「貪瞋痴《とんじんち》も人々本具の徳なれども用いようのあしき故嫌うべきように説き玉えり、いかるときに怒る故、下もおさまるなり。欲も大切なり。欲はなくてはならぬものなり。浄欲の発する人ともなり。これが愛見の大悲ともなり」と喝破しています。浄土教でいう阿弥陀仏に昔法蔵菩薩と名づける比丘でありましたが、衆生を救いたいという大きい欲望、大願業力をもたれたゆえに成仏されたとつたえられています。無明そのものというものがない以上、愛も取も必ずしもわるいことばかりでなく、利他愛民の六度行のための熱意を堅持しているならこれも仏道であるといわねばなりません。心経というものは消極的にこちこちにかたまってしまって、ただ欲をもたぬように、執する念をとめるようにといじけこんでしまっていた小乗部派の仏徒に対して、おおらかな、のびのびとした人間らしい生活を打開したのです。これが大乗仏教であります。弘法大師の『心経秘鍵《しんぎょうひけん》』に『心経私直談抄』という未刊の古写本を入手しましたが、その最初に法蔵の略疏から引用した心経出興の十義を出していますが、「二には二乗をめぐらして大乗に入らしめんと欲するの故に、三には小菩薩をして空に迷わざらしめんが故に、四には二諦中道について正見を生ぜんが故に、五には仏の勝徳《しょうとく》を解《げ》して浄信を生ぜんが故に、六には大菩提心を発さしめんと欲するが故に」といっているところから見て、心経は一つの強心剤であるといわねばなりません。仏道に、積極的にふるい立つ心を起さしめるもの、正信、浄信をもてるようにするカンフル注射であります。こう考えてみると、われわれの人間生活の知情意、この今日のすがたを否定して仏道生活をせよというのではなく、この身、このまま、もっている貪瞋痴そのままの上に、正しい釈尊の根本思想がわかりさえすればいいのです。もっている利己的の欲望をそのまま少しでも利他にふりむけるようにすればそれでいいのです。昔の仏教の考えによると、涅槃《ねはん》ということ、さとりということは人間生活そのものを否定することのように説かれていましたが、それでは釈尊のさとりも三文の値打もないわけであります。さとりとは何もなくなることではなくて、明るい人生を打開することに外ならないのである。

生老病死

「無無明亦無無明尽」が一通りおわりましたから、こんどは「無老死亦無老死尽《むろうしやくむろうしじん》」について説明しましょう。その中の十因縁については折々に引用することで満足して戴きたい。老死が無いとか、老死が尽きるとでもいうと、何か、この頃流行の新興宗教のいい草のようにひびきますが、『心経鈔』にもいっているように、「然ルニ古ヨリ悟レバ病ハヌケルナド、云ヒ伝ヘルナリ、大ナル錯《アヤマリ》ゾ」と叱咤《しった》している通りです。これは空理をさとった者には、生老病死、乃至、憂悲苦悩がなくなるというのではなく、不必要の不安、分別がなくなるのです。「病むときは病むがよろしく、死ぬときは死ぬがよろしく」と越後《えちご》の良寛がいったように、きわめて自然に生老病死を生老病死とうけとれば、不必要の憂悲苦脳もなくなるというだけであって、生老病死そのものは自然現象の一つですからなくなるものではありません。ただその自然現象の生老病死をいかにうけとるかという、うけとる生活態度が確立しさえすれば、不必要な分別や懸念心配がなくなるまでです。だから、『心経鈔』にもこの境地を、「寒ノ時ニハ衣ヲカサネ、暑ノ時ニハ衣ヲヒトヘニシ、飢《ウヱ》テハ飯《メシ》ヲクラヒ、渇シテハ茶ヲノム。病ニハ医療ヲ用ヒテ治メ、唯ソレ有リノマヽナリ。故ニ生老病死ノ分別サヘ止ミタレバ、生老病死ノ上ガ生老病死無キナリ。生老病死ナキガ故ニ尽クスト云フ事モナク尽クサヌト云フ分別モナキナリ」といっています。

「無老死」とは自然現象としての老死がないということではなくて、ここにも出ているようにただ有りのまま、さながらにうけとること、老だ、病だ、死だとうるさい分別をつけないことであります。筆者もこの心経講話の執筆中に発病して、いまもなお療養中ですが、静かに病気ということを考えてみると、それはただ人間が、医者が病気と名づけ、分別しているだけのことで、人間の身体からいえば、病気に気づいたときはすでに常態に回復しようとしているときであるかも知れません。一体そもそも、何を病といい、何を治というかは中々に問題があると思う。その人が宗教を信じているから病気にかからぬとか、さとったから病気がなおったとかいうことは、この『心経鈔』にも出ているように一つの迷信にすぎません。病気になったら医者に相談して医薬を用いたらいいと思います。何かが祟っているから病気になるとか、この神様を信ずれば病気が治るなどといいふらしていることは迷信も甚しいことではありませんか。どうせ、病気になるには、なるだけの因縁があったにちがいません。その因縁のなくなるように努力をしさえすればそれでいいのではありませんか。

「老」ということについても『心経鈔』に面白いことをいっています。「又老ト云フハ若ニ対シテノ分別ナリ。若ト云フハ老ニ対シテノ分別ナリ、年若ク皮肉充盛ナル時、老ヒテ身モ枯レカシケル時ノ事ヲ思ヒヤリテ愁ヒ、老ヒテハ復若キ時ノコトヲ思ヒ出ダシテ、我ハ老ヒタリト傷ムナリ。若キ時ツイニハ老イ衰フル者ジヤト云フ分別ヲ止メニシテハ何ト云ヒタル者ナルベキゾ。皮肉充盛ナル時ハ只皮肉充盛ナル時ナリ。身ノ枯レカシケタルハ只身ノ枯レカシケタル時ナリ。シバラクソレニ似タル者ナリ。又病ムハ只病ナリ」といっている通り一歳か二歳のところで、それ若いの、老いたのという分別こそ、誠におろかの極みであります。この地球が成立し、人類が発生してからの何億年、何十万年にくらべてみれば、それ誰が若いの、老いたなどと論じくらべることはおろかの極みではないでしょうか。老とはただ若くないというだけのこと、若いとは生れて間もないことというのみで、何の人生の価値を制定するものではありません。一年の年上だといったところで、それがただの生理年齢を云々するならばおろかのことです。ただ人間の生命を慧命、つまり精神年齢にすることとです。同じ二十歳でも未成年もおれば、善財童子のように七歳にして成仏したとさえいわれていますから算術的のものではありません。老と病については一応のべましたが、生と死については、前講の「不生不滅」の条下で一応は述べたつもりですが、今一応ふれて置きましょう。「不生不滅」だからといったところで、この生命を自殺することでも否定することでもなく、釈尊がさとられたということは、ほんとうの生き方、生き甲斐ある人生を送られたということです。ただ動物のように生きているような業生《ごっしょう》でなくして、一つの利他大悲の願をもった願生《がんしょう》であったにちがいありません。釈尊ほどにはゆかぬとも、上求菩提、下化衆生の生涯でありたいと思わせるのが心経です。

偶然、父母の愛情にむすばれて与えられたこの生命ながら、生れがたき人間の生命をえた以上、聞《き》きがたき釈尊のみ教えを耳にした以上、このわれはわれのわれの如くにして、実はわれのわれではなく、一切に生かされ、一切の縁によってこうやって生きている自分であることを気づかせて貰った自分である以上、何か人間世間のために一分の役立ちをして生きてゆきたいと決心することが心経の教えるところです。そうした生き方をしているうちに死の縁がまとまって死ぬなら、それでいいのです。死にたくて死ぬ者はあるまいが死ぬときがきたら、さらりと死んでゆきさえすればいいのです。生れてきた以上、死ぬまでは、生きているうちは、生きる縁がととのっている以上は立派に生きぬくのです。これが立派に死にぬくことであります。われの、かれのといっては見るものの、本来空、仮の自分なのであります。何かに、どこかに、誰かに役立ったらいいのです。法界に供養したらいいのです。自分のやった仕事が風が網にかからぬように、鳥がとんで足跡のないように、さらさらと生きてゆき、死んで行ったらいいのです。それが仏教のさとりの生活であります。さとりなどというととんでもない立派な、天上のことのように思われていますが、どこにもひっかからずに悠々不住の生活をしたらいいのです。それは迷いの生活を掘り下げ、掘り下げてゆくところに、見出される心境のことをいうのです。釈尊の到達されたさとりの境地を、わたくし共のような者があれこれ思いはかることはどうかとも思えますが、そういう卑下した考え方をうち破るものこそこの心経であります。釈尊がさとりをえたとするならば、それは生老病死の生活をもっとも深く体験し、そこに迷い、悩んだにちがいありません。親鸞が「煩悩の氷多ければ菩提の水多し」と述懐していますが、

「衆生病むが故に仏もまた病む」と維摩経《ゆいまぎょう》がのべているように、釈尊ほど生と老と病と死に苦しみ悩んだ人はなかったでしょう。はたせるかな、仏伝のひとしく語るところによれば、釈尊の青年時代に一番彼の悩みの対象は老病死の三つであったといわれています。仏教とはこの老病死の三つ、すなわち、この人生の悩みに一つの解決を与えるものです。釈尊は彼一流の解決をしたのです。心経がその釈尊の悩みを悩みぬいて一つの解決を与えているのがこの一節であります。さとりは迷いの道に咲く一本の花である。

第六講　苦楽二つなし

無《む》苦《く》集《しゅう》滅《めつ》道《どう》　無《む》智《ち》亦《やく》無《む》得《とく》

苦《く》も集《しゅう》も滅《めつ》も道《どう》も無《な》く、智《ち》も無《な》く亦《また》得《とく》もなし

爆弾的宣言

すでに前節で、釈尊が樹下に成道されたときの内観の内容であると伝えられている十二因縁の説明を破却して、その考え方に執著している小乗の人々の肝をひややからしめた心経は、この節に入ってさらに大上段にふりかぶって「無《む》苦《く》集《じゅう》滅《めつ》道《どう》」という爆弾的動議を出しているのです。何にせよ、原始仏教の伝えるところによれば、釈尊が鹿野苑《ろくやおん》で五比丘に最初に説法されたのはこの苦集滅道の四諦、「四聖諦《ししょうだい》」といわれています。すでにここに「四聖諦」といって、「聖」(Ārya)という形容詞を加えている位だから誰にもわかる通り、原始仏教の仲間では、神聖なるもの、篤敬すべきもの、不増不減、手をつけてはならぬものとうけとられていたのです。この心経の冒頭に登場する「観自在菩薩」も「聖なる」という敬語がついている位である。その初期仏教徒が神聖にして不動の真理（諦）と確信していたもの、ひきつづいて今日の東南アジア仏教諸国に於ては仏教といえば四諦によって説明することにきまっている、いわば唯一の仏教の本格的綱領である四諦の上にこの心経が「無」のメスをもって破却しようというのですから、もし今日のスリランカやビルマの仏教信者達がこの心経を読んだらびっくりするでしょう。おそらく、「これは外道、非仏教徒の主張であり、仏教の冒瀆である」と断定するであろうと、思います。ところがさきにも引用した古写本の『心経私直談抄』の心経出輿の十義の第一には、「外道法の邪見を破らんと欲するが故に」とあるのですから、いよいよもって南方仏教徒は目をむいてしまうでしょう。しかし、読者が気づかれるように、心経の「無苦集滅道」は四諦の否定ではなくて、四諦の教義上の執著にひっかかっている小乗教徒に一喝をくらわそうとすることが目的なのです。つまり、四諦を否定するためでなくして、四諦を正しく生かすためなのです。死んだ四諦を生きた四諦にしようというのです。四諦の教理は後に述べるように、元来中々意味深いものですが、それが、時代と共にすっかり形式化し、固定化してしまい、融通のきかぬ範疇《はんちゅう》のようになってしまうと、生きた水々しさがなくなってしまうのです。つまり四諦が型にはまり、紋切り型になってしまうと、本来の釈尊の生命を失ってしまうのであります。

四諦

四諦というのは苦集滅道の四諦のことであります。一切の有為法は皆苦であるというのが苦諦です。すべてのものは生異滅という三つの相状で遷移するので、同じ状態を温存出来ないところに逼悩を苦と感ずるというのです。この苦悩がどこから起ってくるか、集まってくるかといえば、貪瞋痴《とんじんち》などの愛欲からであるということが集諦《じったい》、愛貪のこころというものは対象の常住絶対の満足を求めて止まぬ期待緊張の心理になるところから、しかも一切有為法は無常であり、無我であるところから、期待をうらぎられて苦とうけとるのです。苦集の二諦を普通世間法の因果と名づけています。この苦しみを絶滅した状態を滅諦《めったい》といい、その苦の滅に至る方法を道諦《どうたい》といい、これを出世間の因果と名づけています。十二因縁流にいってみれば、苦集の二つが迷いの一組、滅道の二つがさとりの一組ということになり、専門的には前者を流転《るてん》門、後者を還滅《げんめつ》門といっています。こんなむずかしいことをいわずとも、元来この四つの方法はおそらく釈尊時代の印度で医者のつかう臨床学的方法形式ではなかったかと思われます。苦を知ることは医師の第一法、その原因を探求する（集）、治癒健康体にさせること（滅）、それに到らしめる治癒の方法手段（道）、というきわめて常識的な考え方を、精神的宗教的方面に釈尊が応用されたのではないでしょうか。原始経典にもこれを証明する「良医の四法」（仏教聖典第三十三節）と題して、この四諦がとかれています。釈尊が最初に説明された方法論であったために、初期の弟子や作者が必要以上にこの四諦の説き方に感銘して、その上に聖諦の名さえ与えたかも知れませんが、考えてみれば、これは極めて平凡な説教の仕方にすぎません。それだけに非常に簡単でわかり易く、当時の人々の俚耳《りじ》にはいり、相当の人気を博したにちがいありません。

人生は苦である

普通「苦諦」の説明として、まず生老病死の四苦が列挙されます。つづいて今一つの四苦として、会者定離《えしやじようり》の苦、怨憎会苦《おんぞうえく》、求不得苦《ぐふとくく》、一括して五蘊盛苦がかぞえられています。仏教の苦観、「三界は皆苦である」という考え方は、仏教流行の全土に大きな厭世的思想を与えたことは事実であります。考えてみれば何一つ苦でないものはなく、「歓楽きわまって哀情多し」とさえいわれています。人間の無明無知というか、人間に無限の愛欲がつづくかぎり、そして、この世の中というものの出来具合が有限的である以上、到底万人の心の欲するままに満足のゆくものでないところに、つねに苦が伴ってきます。愛するものとは別離せねばならず、気にくわぬ人々とは逢わねばならず、ほしいと思うものを求めても一つ一つ全部手にすることは出来ないというのも、みんな苦しみです。ましてや、この生老病死の自分の身の上に考えてみると、なりたくない病気にはなり、どうしても一度は死なねばならぬ、老いねばならぬというのはみんな苦しみです。こういう人生苦の見方は西欧流の「人生の目的は幸福にあり」という楽天的の考え方とまるっきりちがっているようですが、あるいはさほどのちがいがないかも知れません。西欧人が人生に幸福を求めて得られずに悲劇をつくっているに対して、仏教徒の多くが人生を苦と観ずるのあまり、それほどではなく、むしろ、苦観の底に一味の幸福感を味わっているのではないでしょうか。

それはとにかく、心経が「無苦集滅道」と喝破したことは、苦は実在的のものではないというけとり方に出発するものです。人世観として、観念的にうけとっているのです。苦の原因である欲望を調整することによって、現身に苦を滅することが出来るのであり、釈尊はそれを身をもって体験されているのです。その苦の原因たる煩悩さえも「無苦集滅道」である以上、煩悩即菩薩として止揚されてゆくのです。貪瞋痴の煩悩といったところで、この人間の生活力を正しいところにふりむけさえすればいいのです。苦の滅といったところでそういうものがあるのではなく、『決談抄』にも「苦中ニ苦ヲ離レ楽中ニ楽ヲ離ル、カクノ如ク障碍ナケレバ苦集滅道モナキニアラズヤ。苦ハ苦デヨシ、楽ハ楽デヨシ。苦楽空相ナレバ苦アル時ハ苦ニ遇フテヨシ、楽アルトキハ楽ニ遇フテヨシ、何ノ妨クルコトヤコレアラン」と禅家のうけとり方をしています。

苦は楽のたね

「無苦集滅道」を一喝した心経のねらいは、苦といえば苦しいことばかりと、苦を本質的に実体的にうけとる法の執著を破却するところにあります。苦というものは誰しも日常に経験するところですが、一体、どこに客観的に「これが苦である」というものがありましょうか。あるものは苦とうけとり、あるものは楽とうけとる。一等車にのりつけている人がたまに混んだ三等車にのるから苦しいのであるが、いつもいつもこんだ三等車にのりつけているものには、それが「習い性」となって自然に、それに耐えうる能力が身につき、混雑が何ともなくなり、かえって混んでいる方が快適のようにさえうけとることもありうるのです。生老病死の四つを一応は苦とも思い、釈尊もこの四苦によって入道の手がかりとされたことも納得出来ますが、考えようによっては老もたのしく、病むもまたたのしく、死もまたたのしいという見方、考え方もありうるのではないでしょうか。自分のように病気をしたり年寄ってくると、さほどのことには刺戟もうけず、悠々蕩々たる気持、一歩退いてものをみるのどかな気持になるのは、またひとにいえぬたのしさがあります。これはまけおしみもありますが、また、こういう見方もあるのではないか、というよりは苦しむものこそほんとうのたのしみを知るのではないでしょうか。仏教では苦の自覚が入道の手がかりとされてはいますが、それは苦を通じて、苦の底に大安楽を見出すのではなかろうか。山のぼりの途中に苦しんだものでなければ、山の頂上のたのしみを知ることは出来まい。汗びっしょりかいた者のみが山上の涼味を感ずるのでしょう。精神生活にほんとうに苦しんだ者こそ大法悦をうるのではなかろうか。苦と楽というものをつるべ落としのように考えるべきではなく、「苦楽二つなし」「苦あれば楽あり」「苦は楽《らく》の種子《たね》」という仏教思想に根ざした諺の中に大きな真理がひそんでいるのではないでしょうか。『決談抄』に「世ノ業《ワザ》ヲイトナムハ灸スルガ如シ。其業ノ苦シミヲ以テ飢寒ノ苦シミヲ免ル。灸火ノアッサヲ苦シマザレバ病早ク身ヲ苦シム。何事モ苦シミセズシテ楽シムベキバカリ事コソシラマホシケレ」と言っているのは物の道理ではあるまいか。一つの苦しみをもって他の苦しみを忘れるということは、一つのたのしみをえていることでしょう。大乗仏教も涅槃経にまでになると、「常楽我浄」と教えます。これは全く小乗仏教とは正反対です。無常が常となり、苦が楽となり、無我が我となり、穢が浄となります。涅槃会のことを「常楽会」と呼ぶ宗旨さえあります。苦だ、苦だと一方的にさわぎまわっていることはどんなものでしょうか。苦しみを自ら好んで苦しみと四つにとりくんでゆけば苦しいことがかえってたのしみになることも考えられます。諸仏菩薩の利他の願行というものは、われわれから見れば苦行のようにとれますが仏菩薩自らは自受用三昧の法楽ではないでしょうか。『決談抄』に「苦ト言フハ仏菩薩ノ上ニモ苦ノ無キ事ハアラジ。釈迦弥陀ノ境界ニモ足ラヌ事ハタラズ。一切衆生如来ノイマシメタマフ通リニ用ヒザレバ仏祖ノ手前ニハ苦ニアラズヤ」といっているのは、この一消息にふれているのでしょう。ただ、自ら大菩提心をもっていられる以上、仏菩薩自身には苦しみが苦しみにうけとれず、すべての苦しみがたのしみに変化しているのでしょう。この境地になれば、自ら進んで難処につき衆生の苦しみに代って「重い石」をもつことをたのしむことになり、「無苦集滅道」となるのでしょう。

寂滅為楽

「無苦集滅道」とはさきにもいった通り、四諦の教えそのものがつまらぬとか、まちがっているというのではないのです。「苦集滅道」の四諦を有機的に、動的にうけとればいいのに、鉄の棒をのんだように、煩悩の集によって迷いの苦の世界があり、修行の道によってさとりの滅の世界があるという風に、二つの世界が水と油のように対立的に、固定しているようにうけとるところからは積極的の仏教倫理は動き出して来ません。万事が否定的で、貪瞋痴とか愛欲とかの煩悩を断じて、何も望まない空滅の理想をふりかざしてしまうところには仏教の社会性というものは生れて来ません。ところが、本来、「苦」と「楽」とは対立矛盾するものではなく、「苦が楽の種子」になるように、煩悩がまたさとりの原因とさえなってくるのです。普通、「滅」といえば、「苦の滅」であり、「煩悩たる集の滅」とすべてを消極的に、否定的にうけとるのですが、一方に、原始経典の中にも「寂滅為楽《じゃくめついらく》」という表現もあって、釈尊が到達した滅のさとりは必ずしも消極的、否定的なもの、にがみ走ったものばかりでなく、「為楽」たのしい感情を伴っていることを表現していることは注意すべきことです。つまりは、ほんとうの「苦の滅」は「苦の否定」ばかりではなく、「楽の肯定」でもありうるのです。貪瞋痴というような迷いの原因はこれを正しく導くことによって、そのままがさとりに流入するのです。道諦はひらけば「八正道」となるのですが、八正道とは別段、山にはいって特別に仙人の真似のような修行をするのではなく、正しい言葉、正しい行為、正しい経済生活をすること、たとえば治生産業にかかわっていえば、隣人のよろこんでくれるような正しい売買をしていれば、自然のたのしい結果、さとりにゆけるのである。仏道とか菩提というと、ひどく専門の宗教的のことのみのように思うひとがあるが、毎日の生活がそのまま滅にいたる道であり、正しい宗教生活である。立派に自分の店舗を繁栄させようという私欲をもって、これを利他摂化に役立つようにしていさえすれば、そこに煩悩即菩提、欲望即仏道と一致してくるのです。ここには世間も出世間もなく、苦に即して涅槃、集に即して一切種智《しゅうち》と、心経疏の一つである『際決』が判じているところです。この点を『発隠』という心経の註釈書が天台円教の立場から、「結業《けつごう》即ち解脱《げだつ》なれば苦として厭うべきものなく、塵労《じんろう》もと清浄なれば集として断ずべきものなく、煩悩即ち菩提なれば道として修むべきものなく、生死即ち涅槃なれば滅として証すべきものなきが故に、無苦集滅道なり」と説明している点であります。

無智亦無得

昔からの心経の註釈書をよんでみると、みないい合せたように、「智」を能証の智慧と釈し、「得」を所証の涅槃としています。智圓は『心経発隠』に「六度皆空と照見するなり。六度は智を以て体と為し智度すでに空なれば五度も亦空なり、故に無と云う。又智は観智三智円融して一切種智となる。得は謂く三諦の理体、周徧し、能所ともに泯《みん》ず。故に無と言う」と説明しています。もっと簡単にいって見ると、智とか、智慧とかいってみるようなものの、そんな智そのものというような実質的な、本体的のものがどこかにあるのではなく、ただ一つの働きにすぎないのです。太恵の『般若際決』の中に、「経に云く智慧愚痴みな般若と名づく」といっています。勿論、何経であるか俄《にわ》かに知る由もないが大乗仏教からいえばこんなこともいえるかも知れません。智慧だからといって、とり立ててそんなものが宇宙のどこかに固定して実在しているわけのものではなく、われわれが日常他愛もない愚痴をいっていることと本質に於ては共通するのです。さきにものべたように、明と無明というものがどこかに対立してあるのでないことは、ちょうど、灯火をもってくれば、光明が自然と暗黒を亡くなすように、暗去って光《かがや》きたるに非ず、光きたるが故に黒闇初めて去るのではなく、「同時倶時《くじ》」の現象であるように、智慧がみがかれてゆけば、自然に無知とか、愚痴とかが消えてゆくようなものであります。「智」というものには往々副作用があって、智はうっかりすると物の実相を見失うことがあります。禅門が文字をきらい、言語道断の風光を大切にするように、法然なども、「智慧第一」といわれたのに、自らは「愚痴に還《かえ》りて念仏申すべし」とさとっています。智慧は分別や定義に落在してしまいがちです。智あるものはかえって智慧の病にかかることがあります。「大賢愚の如し」ともいわれているように、童心にかえると実相がうつることがあるのです。

「亦無得」の「得」(prāpti)というのは、完成したものと繋著《けじやく》することに対する否定であります。小乗の有部という一学派では、万物を七十五法に数え、相互間の運動関係を「得」と「非得」とをもってあらわしています。能《よ》く法をして失わざらしめるのをすなわち「得」と名づけ、これに反して法を成就せざらしめるを「非得」と名づけます。これは一つの学説であって、この世の中に「得」とか、「非得」とかいうもののあるわけがありません。「得失一如」という言葉のあるように、「得てある」と思っていても、いつの間にか失っていることもあり、「損して得とれ」ともききます。だからさとりの状態に到達したとか、無漏智《むろち》を獲得したとか、そういう決定的な思い上がった物の考え方というものはまちがっています。それを仏教では「無所得」といっているのです。永遠の未完成が仏教の最後の安定です。不安定が安定であります。自分でさとりをひらいたとか、涅槃に到達したとか思いこんでいるのは、物を固定して考えているのであって、そこに危険があるのです。永遠の努力と未完成の自覚、これを仏教では「不住」といっています。「不住涅槃」ともいっています。

第七講　こだわりなき心境

以《い》無《む》所得《しょとく》故《こ》　菩提薩埵《ぼだいさった》　依《え》般若波羅蜜多《はんにゃはらみた》故《こ》　心《しん》無《む》罣礙《けいげ》　無《む》罣礙《けいげ》故《こ》
無《む》有《う》恐怖《くふ》　遠離《おんり》顛倒《てんどう》夢想《むそう》　究竟《くきょう》涅槃《ねはん》　三世《さんぜ》諸佛《しょぶつ》　依《え》般若波羅蜜多《はんにゃはらみた》
故《こ》得《とく》阿《あ》耨多羅《のくたら》三藐三菩提《さんみゃくさんぼだい》

所得《しょとく》なきを以《もっ》ての故《ゆえ》に、菩提薩埵《ぼだいさった》は、般若波羅蜜多《はんにゃはらみた》に依《よ》るが故《ゆえ》に、心《しん》に罣礙《けいげ》なし、罣礙《けいげ》なきの故《ゆえ》に、恐怖《くふ》有《あ》ることなく、顛倒夢想《てんどうむそう》を遠《おん》離《り》して、涅槃《ねはん》を究竟《くきょう》す。三世《さんぜ》の諸佛《しょぶつ》も、般若波羅蜜多《はんにゃはらみた》に依《よ》るが故《ゆえ》に、阿耨多羅三藐三菩提《あのくたらさんみゃくさんぼだい》を得《え》たまえり

初めて積極的の徳目

心経は読者が感じられたように、ここまで終始一貫、「無」「無」の一手で押し通してきたので、これという積極的な倫理が示されてはいません。もとより、心経の「無」はことごとく「妙有」と同一義ですから、「無」の中に一切の徳目が打出されていたわけではありますが、この節にきて心経は初めて、罣礙《けいげ》なきこと、恐怖あることなく、顛倒夢《てんどうむ》想《そう》を遠離《おんり》せよと、一応は否定の形式ではありますが、読むもの、聞く者をして、心経の教えるところはここだなという風に納得出来るのです。だから、昔から、この章節を「行人得益分」と名づけています。心経の行人、心経の精神を実地に修行してゆこうとする者にうけとれる利益をあつかっているというのであります。いってみれば、いままで心経は幾山河をのりこえ、否定に否定を重ね、一関を破り、一城をぬいて、とうとう、人間の住む自由の広野に出てきたようなものです。われわれ人間は「空だ」、「六根も六境も空だ」、「十二因縁も空だ」、「苦集滅道の四諦も空だ」、「そういうことのわかる智も空」であり、「さとりの境地と思っていることも空だ」とたたみかさねてこられると、ただ、心経というものは破壊否定の一面ばかりしかなくて、建設的にここをこういう風にやるのだという一面が示されていないことを、誰しも物足らずに思っていたろうと思います。ところが、最後の呪文の一節と、本講の一節とには、積極的にこうすればこうなる、心経の空の道理がわかれば毎日の生活がこうなる、こういう風にあかるくなる、こういう風に自信がつき、こういう風な人生観が成り立つという一面が、初めてここにはっきり示されたわけです。従って、いままでの心経は少々理窟が多すぎたり、高嶺の花を見るようでしたが、ここにきて、脚下に手の届く、足のふみ出せる具体的なことが示されていると思います。勿論、今日までの心経の講義では、この一節にきても、なおいろいろと議論をひねくっていますが、自分としては、この一節は実行生活にふれたものだと了解しているのです。ですから、読者もこの一節では毎日の自分の生活に反省してこだわってはいまいか、恐れや不安はないだろうか、自分の考え方に思いちがいはないだろうかと、手っとり早く、自分の生活の上に目盛りを修正して貰えるのではないかと思います。

無所得故

この一節の出方は漢訳では「以無所得故」、訓ずれば、「所得なきを以ての故に」です。「得」とか、「所得」のことは前節の最終部ですでに一度ふれていますので、読者はなお記憶に新たであろうと思いますが、ここに丁寧に重ねて「無所得」の言葉をくりかえしたのは、『心経忘算』によると、「無所得ノ真宗、ヤヤモスレバ功勲ヲ取ル故ニ丁寧再三ス・経云ク相ニ住セザル布施《フセ》、応ニ所住ナクシテ而シテ其心ヲ生ズベシト。モシ修証ヲ守ラバ泥亀迹存《ディキアシアトソン》シテ大功ヲ宰《サイ》スルナリ。永観曰ク餓鬼道ノ業ト三省シテハツベシ」と説明しています。とかく、人間というものは無所得の心にはなりがたく、あれをこうしてやったとか、あれがこうなったのは私がしてやったとか、とかく自分の労作に恩をかけたがるものです。そこにわれわれ凡夫二乗のさむしい生活があります。『忘算』の著者が「泥亀迹存」といっていますように、われわれは自分の歩いた足跡を残したい気持で一杯です。そこに迷いがあるのです。泥だらけの亀の子が歩いたあとにずっと足跡の筋が残るように、何でも自分のしたささやかな仕事にも足跡を残したい気持が抜けないのです。これが「有所得《うしょとく》」の迷いです。誰かにものをめぐんであげるとする、仏教では「布施《ふせ》」といっていますが、われわれはとかくその布施の相に住してしまうのです。あれにこういうものをやったとか、あの人にこういう世話をしてやった、と恩にきせるのが住相の布施です。よく考えて見るがいいのです。一体、この世の中に自分があの人にこういうものをやったということがいいうるでありましょうか。貰ってくれる人があればこそあげも出来る。「馬鹿なことをするな、俺はひとのものなんか貰わぬぞ」とうけつけてくれねば一つの布施も成立しないのです。それに、元来、そのさしあげた何かの品物一つにせよ、よく考えて見ればひとさまからいただいたものにすぎぬ。自分で作ったものでもない。何かの因縁で自分の手に偶然にめぐってはいってきたものにすぎない。それを自分の品物だ、自分がやったのだなどということはありうることではありません。その「自分」ということ自体が「五蘊皆空」のところで述べたように、本来実在しているものではなく、かりそめのめぐり合せによって、いま、「自分」として、仮にここにあるだけのこと、ほんとうに掘り下げてみれば「無我」の自分にすぎません。「ひとに自分がやった」などとお互いに不用意にいいますけれども、その自分も、ひともどれ一つもこの世の中には実在してはいないのです。だからいい縁をいただいて、ひとさまに貰っていただいたにすぎないのです。何もことさらに、ひとに自慢するの、みせびらかすの、書きとめて置くの、というようなものではない。ところが「泥亀迹存」で、折角、自分が大切にしていたものを友人にほどこしてやったのだから、世間にも知ってもらいたい、新聞にも出してもらいたい、ラジオのニュースにも出そうなものだと思いたがることのおろかしさです。これがわれわれ人間の有所得の煩悩です。泥亀の足跡の残ることです。だから釈尊の金句をまとめてある法句経などには、くりかえしくりかえし「鳥のとびて足跡なきが如く、聖人の足跡は知るに由なく、神も人も知ることを得ず」といっています。いい仕事が出来たらいいではないか。誰かがよろこんでくれていたらいいではないか。少しでも、その行動によって、この世の中がよくなったら、それで、いいではないか。誰の名で、誰がそのことをしようと、しまいといいではないか。ただこの法界が少しでもよくなったらいいのであります。こういう無所得の境地を「法界供養」とも「三輪空《さんりんくう》」ともいっています。三輪とは施者と受者と施物の三つの条件があくどく泥亀のように跡をのこさず、さらりとしていることが三輪空です。三輪空だなどと、そこへ力がはいったり、分別が出るようでは三輪空ではないのです。無所得にしたところで、けろり、さらりとしているものであって、二口目《ふたくち》には「おれは無所得の考えでやっているのだ」などとくりかえしているようでは、それこそ「有所得」といわねばなりません。筆者はふと幼年時代の得度の師、神谷大周という一学僧の行事を思い出します。中々の豪傑であったが、かなりに宗学上の論敵があったと見えて、時折公開の席上でその論敵のことに言及し、「わしはあいつなどは一向に歯牙にかけぬ、かけぬ」とくりかえしていられた。まだ十歳位の少年時代の自分ながら、「妙なことをいう方だ、歯牙にかけぬのなら、ほんとうに歯牙にかけぬがいいのに、こうもたびたび口に出すようでは余程、歯牙にかけているのではないか」と思ったことです。だから『忘算』の著者がこの「無所得」の題下に、冒頭に、「無所得ノ真宗、ヤヤモスレバ功勲ヲ取ル故ニ丁寧再三ス」といい、最後に永観の言葉を引用して「餓鬼道ノ業ト三省シテハツベシ」と注意している位です。二口目《ふたくち》には歯牙にかけぬの、無所得の、というのはいやしいわざです。さもしい了簡です。それならば、むしろ、泥亀が泥跡をつけてまわっている有所得の方がかえって正直でいいかも知れません。「餓鬼道ノ業ト三省シテハツベシ」とはよくもいったものだと思います。今北洪川の『心経捷解』には「無所得処即ち大道大心の端的なり。般若並に波羅蜜多みな大道心を称讃するの語なり。その無所得の処直に大智慧大涅槃の端的なり」と、いかにも禅門らしい表現をしています。われわれ凡夫や小乗人のけちくさい了簡、人生観ではないというのです。大道心とは大菩提心のことですから、つまりは人生観の規模がちがって大きいのです。西郷隆盛の言葉をかりると人間を相手にせずに、「天」を相手にしている程の大人物なのです。あれこれ、けちくさい了簡や分別をのりこえるのである。筆者は最近病気して以来、睡眠がとれなくて困っていますが、そのことをよく考えてみると、気にしすぎるのです。「いまに眠れるか、どうして眠れないのだろうか、こんどはこれで眠ってゆくぞ」などという、「眠り」という分別のあるかぎり、つづくかぎりは無念無想のねむりにはいれぬことがよくわかったのです。従って、この頃ではつとめて虚心になり、ぼんやり呼吸していると、いつの間にか眠りに入ってしまうらしいのです。このらしいのであるというのが自得の消息であって中々言葉や文字で説明の出来るものではありません。「有所得」だ、「無所得」だなどときびしく分別しているようではほんとうの無所得ではなく、その区別などをやかましくいい立てているのは分別です。どうせ人間のことです。きびしく所得の有無などが区別出来るものではないのです。ただ妙な、小さいところ、けちなところに力を入れないで、何かの折に一つの布施でもさせていただけてありがたいと、ふんわりと思っている位のところが、正直、われわれの実際に到達しうるところではありますまいか。素より、ここにいう「無所得」という風光はわれわれの到底うかがい知ることの出来ぬ大道心の心境でもありましょうか。

菩提薩埵（Bodhisattva）

つづいて菩提薩埵とあります。菩薩と同じことを原語に忠実に訳出したのです。ここで不思議に思われることがあります。それはなぜさきには「観自在菩薩」と訳して、「菩提薩埵」としなかったのかという翻訳上の疑義です。さきにものべたように、玄奘という訳家は非常に几帳面な人で、一字一句をもゆるがせにせず、大体、統一した訳風を示していたひとであるのに、たった心経二百六十字位の小経の中で、さきには「菩薩」と訳し、次に「菩提薩埵」とすることは、今日まで自分の寡聞《かもん》、どの心経講義でも註釈していない些事《さじ》ではあるが、かねて自分はこの心経の玄奘訳なる点に多少の疑問をもっているのでここに注意したのかも知れません。あるいは、また、さきには観自在という固有名詞のあとだから略して菩薩と訳したのかとも思いますが、玄奘という人柄はこうした些細の点にも注意を払う人ですから、心経というものは玄奘が自ら親しく責任をもって、訳したものとは思えない一つの証拠でもあるわけです。

それはさて措き、「菩薩」というのは前にもすでに説明したように中々むずかしい表現であります。『仮名抄』などには、「コレハ天竺《テンジク》ノ詞《コトバ》也、サトレル有情ト云義也、則チ観自在菩薩ノコトナリ」とあっさりいいのけているが、『心経鈔』も「菩提薩埵ハ即チ世人ノコトナリ。前ニ観自在菩薩ト云フ者ノゴトクナリ」とて、この菩提薩埵をわれわれ世人のこと、また、観自在菩薩の如きものとしているのに、『忘算』の著者萬松黄泉《ばんしょうこうせん》禅師は、「菩提薩埵ハ梵語、唐ニ覚《カク》有情《ウジョウ》ト訳ス。大菩薩ノ称ニシテ前ノ小菩薩ニ煉《エラ》ブ。唐ノ玄宗、是ヲ観自在トセリ。取ラズ」と否定しているのは面白い対立です。

前にものべたように、菩薩は字義の通り菩提を求める衆生、道を求める人、求道者とでも訳すべきもので、最初は釈尊だけの成仏以前の時期に限ってかく称されたのです。だからただ「菩薩」とだけいえば、それは成仏以前の若き釈尊、修行時代の釈尊のことであった。ところが、万人成仏、誰でもさとりうるという思想が仏教界に起って以来、「万人もひとしく菩薩」たりえ、「万人ことごとく菩薩」であるという考え方が流行したのです。時代によっては「在家有髪の菩薩」と「出家の菩薩」との二種類のあったほどです。ましてや大乗仏教が流行するようになると、初期の教理が形式化して、いつの間にやら、自利というか、自分一身のさとりにのみ目的が局限せられるようになったので、大乗派の人々はこれらを声聞や縁覚の小乗とか、二乗のものとし、自分たちは釈尊の修行時代のように菩薩として大心を志し利他の願行を徹底しようという考え方が起ったのです。心経の、ここに出てくる「菩提薩埵」も、いわばその大乗派の菩薩であります。彼らは小乗の人々が何事も勘定高く、こういういいことをしたから、こういう結果をえたという風な小乗自利の因果の分別に支配されているのに対して、一体どこに自分と他人とを区別することが出来るか。他人をそのままにして置いてどうして自分だけの成仏などがありうるだろうか。自分をよくするためには隣人を、社会をよくせねばなりません。「先度他《せんどた》」、まず他を度すという考え方、自分のことなどは顧みてはいられるものではない。まず手の届くところ、気のつくところ、やれるところから、自分の周囲、社会をよりよくしてゆくことが、してゆくうちに、自利、利他が一杯になって、いつの間にか世の中もよくなり、自然、自分も浮び上がってくるものだという考え方が生れてきたのです。勿論、大乗の人人といえども、自分のことを棚に上げて、ひとのことばかりというのではありませんが、泥芋を洗うように、自分の泥が他人の泥をおとしながら自然に落ちてゆくので、自分だけ遊離し、孤立して自分だけをよくするなどということは、この有機関係にある、つなぎ合っている世の中では望めるものではありません。自分をみがくためにも、他人を、隣人を、社会を、浄化する以外に道はないと考えるのが大道心の菩薩の人生観であります。もとより、そうは説明したものの菩薩自身の心境からいえば、まず他人をよくするなどという分別、有所得の考え方も許されるものではなく、第一、よくするとか、よくなったというような有所得の考えもありえないのです。つまり、「菩薩」とは「無所得」の心境に生きている人であって、立派な社会的貢献をしていても、少しも、自分ではそんな気もしていないのです。そんな分別がないから菩薩であり、そんな無所得地にいるから、他人も隣人も社会も感化されてゆくのです。『決談鈔』の著者湛道が「薩埵ハ梵語、唐ニ翻ジテ衆生ト云フ。菩薩モ衆生、衆生モ菩薩、真空不二ノ法門、隔碍《キャクゲ》無キナリ。農工商樵夫漁者馬子竈《ソ》婦織女犬猫ニ至ルマデ波羅蜜多ノ法ニ依リソヘバ、サハリナシ」といっているように、菩薩の目から見れば何のかかわりも、分別もなく、仏道が成満しているのです。

依般若波羅蜜多故 (Prajñāpāramitām āśritya)

「般若波羅蜜多に依るが故に」と、「依る」という字をここでつかい、またあとの三世の諸仏のところでも今一度「依る」といっていますが、一寸きくと、菩薩には何物もたよるものは不必要に思われるのです。何ものにもおんぶしないのが菩薩であり、たよるべき智もなく、また得もなく、無所得の故にと、はっきりいっている通りです。だから、ここに「依る」という表現はあるが、菩薩は無所得であり、般若波羅蜜の体現者であると解すべきでしょう。

ここでさらに進んで、「般若波羅蜜多」ということを説明せねばなりませんが、すでに初めに「観自在菩薩は深般若波羅蜜多を行じ玉いし時五蘊は皆空なりと照見し玉えり」とあったので、般若波羅蜜多の一通りの内容は御存知のことと思いますが、この条下で今少しくわしく述べて置きましょう。一体「波羅蜜多」(Pāramitā) ということは、普通「到彼岸」と訳している通り、パーラ (Pāra)、すなわち、対岸に到達するということです。いきなりそんなことをいっても、古代印度の交通事情を知らぬ人にはぴんとこないでしょうが、釈尊在世の交通事情はまだ極めて不完全なもので、やっと橋梁船舶がつくりはじまった位の時代であったし、大体、誰も承知の通り、印度は雨の国、大水の大陸でありますから、一度雨季になってガンガー河の大氾濫が起りますと、町も村も田も畠も一望大水の中に埋没してしまうのです。また普通の河川にしても至るところに橋梁船筏があるわけでありませんから、「対岸」（パーラ Pāra）というものはつねに庶民のあこがれの的であり、自然、理想の精神的世界をさえ意味するようになったのです。つまり、「数多き人々のうち、彼岸に達するはまこと数少なし、あまたの人はただ、この岸に右に左にさまようなり」（法句経八五）という風に精神生活にこれをうけとったのです。一往「到彼岸」ということの印度古代交通史上の意味を頭に入れて置いてほしいのです。

次に今一つどうしても考えねばならぬことは、ここにただ「般若波羅蜜多」と出ていますが、これは断片であって、ほんとうは「六波羅蜜多」の第六番目が「般若波羅蜜多」でありますす。これを考えずに、前の五つを置いてきぼりにして、一般に心経を論ずるものが多いのですが、大部般若を見ればわかる通り、いつも布施《ふせ》波羅蜜・持戒《じかい》波羅蜜・忍辱《にんにく》波羅蜜・精進《しょうじん》波羅蜜・禅定《ぜんじょう》波羅蜜とむすびついて、第六番目に般若波羅蜜が来るのである。前の五を「行足」といい、第六を「智目」といっています。「行足」を離れて「智目」もなく、「智目」を離れて「行足」

も意味をなさない。いってみれば前の五行の舵をとるのが「智目」であり、第六の般若波羅蜜であります。ただ舵だけの般若波羅蜜多では意味をなさないのです。一般に今日まで心経といえば、第六番目の「智目」ばかりをやかましくいって、前の五行を少々忘れていたのではあるまいか。それがために、自然に、心経というものがわれわれの日常生活から遠くかけ離れているように思われたのではありますまいか。もう一つ、ここで読者に知って置いて貰いたいことがあります。それは「到彼岸」ということです。「波羅蜜多とはその極を窮《きわ》め尽すを以ての故に」と龍樹が『智度論』にいっている通り、究竟《くきょう》というか、やりとげる、徹底するというほどの意味をもっています。小乗仏教徒は釈尊の余りの偉大さに驚嘆して、自ら成仏の志を断念し、絶望したようです。あの卑下感が小乗仏教であります。ところが、さきにもいった菩薩の一派、在家系の自由主義者はそうは思わなかったのです。「釈尊も同じ人間だ、自分らも人間である以上、同一の仏陀になれぬわけはない。それには釈尊がそうであったようにものをやりとげればいい。釈尊は布施・持戒・忍辱・精進・禅定と智慧の六つに於て究竟されたのだ、初一念を一貫して、やりとげられたのだ。われわれも釈尊の如く彼岸に達しさえすればいい」こう考える進歩派が「波羅蜜多の人々」であったと思われます。

すでに釈尊在世時代に、布施と持戒の二つは天に生れる浄行として一般信徒にみとめられ、釈尊の説教はいつも「施論戒論、生天論」にきまっていたので、六波羅蜜のうち初めの二つはすでに早くからたっとばれていたし、出家のグループには「戒定慧」、持戒・禅定・智慧の三つは大切な徳目として尊ばれていました。ただ忍辱と精進の二徳目だけは波羅蜜多を主張する人々が本生物語やアヴァダーナの中からその英雄的事例をひろい出してきて、いつの間にか六つの徳目によって、これをなしとげさえすれば成仏出来るという確信をもったのではないでしょうか。『六度《ろくど》集経《じっ》』という経文さえある位ですから「六度を主張するグループ」がたしかにありえたと思います。ここに六度の「度」とは波羅蜜多、到彼岸のこと、わたること、わたらせることで、「縁なき衆生は度し難し」などと、今日でも一般につかわれている位です。

そこで以上の説明をまとめるとこういうことになります。「依般若波羅蜜多故」ということは「布施乃至禅定の五度を正しく智慧の舵によって綜合することによって」という意味で、無所得故の条下でものべたように、布施、めぐみはいいことにはちがいないが、自分の布施行にほこり、恩にかけ、いつまでもその分別をすてないどころか、その思い出にくるしみ、さからみをするようでは、その布施は小乗行であって、ほんとうの菩薩無所得の行にはならぬのです。三輪空、無所得の布施行にまでやりぬき、垢《あか》がぬけてしまったところが般若波羅蜜です。このことは、持戒でもその通りで、俺はこういうわるいことはしない、親に孝行している、社会にこういういいことをしているなどと、自分のやっている道徳を指かぞえ、あげつらね、ひとにほこり、他人が気がつかぬと肚立ち、思い悩むようではそれは般若波羅蜜が足らないのです。忍辱にしても、おれはこういうことを忍んでいる、肚を立てずに我慢している、などという忍辱では小乗行です。他人からの批難を合掌してうけとり、ほめらるるも、そしらるるも、心いささかも動ぜざるような無所得までこなければ本物ではありません。以上のように布施以下の五つの徳目について、さらりと卒業し、垢のぬけきって、さっぱり洗煉されたような人物、立派なことをしながらけろりとしているような人物、それも気取ったり、てらったりするのでなくて、ごく自然に五度が第六度の「智目」によって洗煉せられ、仕上げられ、完成されてゆくのが「菩提薩埵依《ルガ》二般若波羅蜜多ニ一故ニ」のほんとうの精神ではないかと思います。この点、自分には別段の自信はないけれども、今日までの大乗仏教の発達の史実を調査してみますと、以上のようないきさつのあったこと、従って以上のように般若波羅蜜を前五度を含めて理解してこそ、ほんとうに肉のある心経が出来てくるのではなかろうか。『忘算』に「智ト八菩薩六度ノ末ノ智慧ノ一ヲ挙テ前ノ五ヲ略セリ。菩薩修得六度ノ果ヲ離レシム故無ト云」といっていることは、当然のこととはいえ多くの註釈者の気づかなかった点を巧みについていると思います。ここにも出ているように、「菩薩修得六度」であって、六度あっての菩薩であり、しかもその前五度を般若によって空ずるところに般若波羅蜜が成立するのです。以上でおわかりのように、心経は第六度である般若波羅蜜を表看板にはしているが、それには布施乃至禅定の裏打ちがあってのことであります。心経は単なる哲学書ではなく、高邁なる哲学をもった道徳書です。われわれに洗煉された、気品ある道徳を実行させるところの宗教書であるといわねばなりません。この点、自分のこうした考え方に対して御批判を乞いたいと思います。

心罣礙なし

さて菩薩は無所得により、般若波羅蜜多により、心に罣礙なき状態になったというのであります。この際、心経の読者たるわれわれが菩薩でなくてはならず、般若波羅蜜多を体得したのですから、こころ自ら罣礙なき徳目をうるわけです。これはただに観自在菩薩の得益ではなく、一切人の、求道者の到達すべき心境でなくてはなりません。「心罣礙《しんけいげ》なし」とは註釈には「惑心にかかわらず、故に境も心にかかわらず」といい、慧澄の『心経講要』には、「善悪の事業に自在に自行化他の益を顕せば心無罣礙なり」ともいっています。もし孔子の言葉をかりていえば、「心の欲するところに従えども矩《のり》を踰《こ》えず」というような悠々蕩々たる任運自然の、おおらかな心境をさしているのではあるまいか。すでに「無所得」であるから、何ものにもひっかかっていない。妙にこせこせしたり、角つきあったり、格式ばったり、些事にひっかかったりしないで、風が網の目にひっかからずに吹いているように「大道無門」という心境でもあろうか、泥中の白蓮花のように、自ら泥中に生じて泥中であることを忘れきっているとでもいおうか、ほめられても一寸を増さず、そしられても一寸を減ぜずというか、信謗毀誉《しんぼうきよ》二つながらに悠々とのりこえているのも「心無罣礙」でしょう。また、法然上人が「市《まち》にいて念仏申されずば山にいて念仏申すべし、山にいて念仏申されずば妻をめとりて念仏申すべし」といわれたように、いかなる「境」にも拘束されず、そうしたつまらぬ差別をぬけきった心境でもありましょうか。ましてや、善悪染浄というような精神的な差別を高くのりこえて、煩悩即菩提、染浄不二の心境であるにちがいないのです。菩薩には「資糧位《しろうい》」という一段階があるといわれていますが、何がきてもみんな仏道成就のもとになり、こやしになるというのです。ほめられれば反省し、くさされれば自分の過失に気づき、うれば与え、奪われればその縁をよろこぶという具合で、何一つ失うことがないといいます。雪だるまがころがればころがるほど大きくなってゆくように、万里同風、自分をさえぎる何ものもないのです。罣礙のいずれも、自分にさからい、ひっかかるという字です。この大空には何ものもひっかかるものがないように、いかなるものがきてもこれを拒まないのです。去るものを去らしめ、来るものを拒まぬというほどの心境でしょうか。僧伽(衆)の精神を「大衆を統理して一切無礙ならん」といっているように、男女尊卑の甲乙がさからわぬのです。主伴、主従、老若、先輩、後輩、そんな区別に一つもひっかかる必要はないのです。こうなればいかなる形式にも環境にも支配されず、大衆を支配しようとせずとも、自然に自分になびいてくるのです。おそらく心経のねらっている在家求道者に期待する徳目はこうしたのどかな、ゆたかなものであったにちがいありません。それをただ観自在菩薩とか菩提薩埵とよばれるものだけのありがたい功徳とうけとっては心経は死んでしまうのです。書く自分、読むあなた方がこの心経と共にこうした「心無罣礙」の心境に一分あやかることが大切ではないでしょうか。『一滴談』に「心無罣礙ハ請益《ショウヤク》説テ云ク真ヲ回シテ俗ニ入リ権実双流シ事理《ジリ》并運《ヘイウン》スル者也。大般若ニ云ク金翅《コンシ》鳥ノ虚空ニ飛騰《ヒトウ》シテ自在ニ翺翔シ久シク堕落セズ、空ニ依テ戯ルトイヘドモ空ニ拠ラズシテ亦空ノタメニ礙ル所トナラズ。夫レ空ニ依テ空ニ拠ラズ、則チ有為ヲ尽サズシテ無為ニ住セズ也。空ノタメニ礙ヘル所トナラズ、則チ有ノ為メニ礙ラレザルコト知ヌ可シ。華厳ニ所謂、甚深無礙智《ムゲチ》ト云フハ是也」と面倒くさい説明をしてるのも、この問題に興味をもつ一部のひとには参考になるかも知れません。

恐怖有ることなし

「心罣礙なきがゆえに恐怖あることなし」とつづいています。筆者のいう心経の積極的な徳目の第一がこだわりなさ、第二がここにいうおそれなさであります。無所得、般若波羅蜜のわかる菩薩にはこだわりもなく、従って、何のおそれもあるわけがない。すでに何の有所得《うしょとく》のこころ、期待している心がない以上、そのことに失望したり、不安になったりすることがないのは当然であります。あてにしたり、執著したりするから、その期待がうらぎられはしまいかという不安もあり、恐怖も起るのです。すでにそういう有所得の気持もなくなり、布施乃至禅定の五度について第六度の般若で一切を三輪空と吹きとばしているのですから、何一つ気にかかることはなく、「心無罣礙」であります。すでに「心無罣礙」である以上、「無有恐怖」であるのは当然のことで、ここに何も説明する必要もない位であります。

しかるに多くの心経の註釈書には、この下に五恐怖をかぞえて、「一ニ不活怖、二ニ悪名怖、三ニ死怖、四ニ堕悪道怖、五ニ大衆威徳怖、乃至分段変易二種ノ生死ノ恐怖」と説明しています。圓柱の『心経釈』などには、恐怖に二つの別ありとして「一ニハ世間ノ恐怖、所謂ル盗賊、怨家、毒薬、夭寿、悪獣、水火等ノ難ナリ。二ニハ出世間ノ恐怖、煩悩、業苦等の怖ナリ。般若ノ力コノ恐怖アルコトナシ」と断じています。こうした恐怖の説明を引用していることはさほど興味のあることではなく、『一滴談』に出ている前出の五怖をかみしめてみる方が心経の精神を掘り下げるのに役立つと思います。

第一に不活怖とは、生活についての不安恐怖です。これは現代日本社会にとっては軽く見のがしてゆけない大きい問題ではあります。しかし、心経は菩薩の行人にはこうした恐怖を否定しています。正直のところ、筆者のように境遇にめぐまれたものには、「おまんまはお天道様とともについてまわっている」とまでは思わずとも、今日、物心《ものごころ》がついて以来、一日といえども、そんな生活の不安恐怖を感じたことがないのは富裕の家に生れて十歳にして寺院に入ったためだけでありましょうか。貧困のいろいろな原因もわかるし、沢山そうした事例を知ってはいるし、ともすれば生活難は病難とむすびついていることも目にしています。しかし、生活にめぐまれて仏道を知った自分には、今日まで正直のところ、一度だって、「これで生活をどうしよう」と思ったことがありません。申訳ないようにも、しみじみと、この身の幸福とも思っています。勿論、身分不相応なぜいたくな生活をしたようには思いません。あるに従い、はいるに従って生活し、世間から与えられるにまかせています。これは決して私が菩薩になったからだなどとは勿論思っていません。「世の人はその信ずるところに従い、その好むところによりて施しをなす。されば与えられし飲食《おんじき》により心みたざるものは昼も夜もやすきを得ざらん」(法句経二四九)。この聖句の示しているように、自分が今日与えられている生活は世間の誰かが私に与えることを好み、且つは信じてくれたにちがいないのです。私としてはその信頼をうらぎってはならないけれども、とにかく浄心をもってほどこしてくれたものです。私はただ多い少ないということを忘れて、合掌して頂戴すればいいのです。多寡精疎《たかいいわるい》は自分にいうべきことではなく、このひろい世間にまかせて置けばいい。目くら千人目あき千人の、このひろい世の中の審判の上にふんわりと乗っていればいい。自分としては自分の仕事を精一杯にやっていればいい。社会は正しく、いつの間にか、長い目で見れば、自分を評価してくれるものだ。じたばたすることはない。与えられることに、おそい早いはあっても、大きな目にそっとのっていればいいのだ。こんな気持で今日まで生きてきましたが、これがここにいう第一の「不活怖」の正しい解釈であるかどうか、一向に自信はありませんが、もし大乗の菩薩に生活の不安がない、おそれなさの第一というものが不活怖であったら、多少私がいま体験していることに通ずるものがありはしまいかと思います。

第二の悪名怖がないということも、何か私にも一分わかるような気がします。この世の中はひろく、悪口をいうものもあり、ほめるものもあります。釈尊も、「おおアツラよ、ここは古《いにしえ》よりいうところ、いまにはじまるに非ず。人は多く語れりとてそしり、少しく語れりとてそしり、黙して語らずといいてはそしる。凡そ、この世にそしりをうけざるはなし」(法句経二二七)といっていられます。まさにその通りです。世間の口に蓋《ふた》をすることは出来なく、勝手な悪名を流布するものです。われわれは、ただそれをきき流して置けばいい。反省すべき点があったらひそかに自ら反省したらいい。そのうちに、「人の噂《うわさ》も七十五日」で世間の方で忘れてしまうのです。そしていつの間にか、善名が流布されてきます。すると、また、その善名をはたきのめそうとして悪名が流布する。誰も何ともいわなくなってくるときもある。すべてそれでいいのです。自分で有名になりたいと思ったところでなれるものではありません。そういうチャンスがあれば人間はそれほどの能力がなくとも有名になることが出来ます。有名だからえられないわけでもない。古代印度ではとてもこの「名」ということが重大関心事であったらしく、それだけの効力があったにちがいないのです。従って仏典の中にはしばしば、「名声十方にきこゆ」ということが仏菩薩の願望の一つにかぞえられています。「名」はいつの世でも経済生活にかかわりをもっていると見えます。従って「悪名」が流布したら、今日でもその通りですが、その人は社会から葬《ほうむ》られ、その生活は脅《おびや》かされるので、「悪名怖」となったのでしょう。しかし、悪名や善名、つまり自分の評判などを少しも気にかけぬがいい、かけたところでどうにもなるものではない。自分はだまって自分の天職にひたむきになっていたらいい。そうすれば、何かのチャンスで世間が知ってくれます。一切を因縁にまかせて置くことがいい。それに、自分の「名」といったところで、つきつめてみれば活字でありラジオの音にすぎません。これらは心経からみれば一つとして空ならざるはないのです。無所得の体得者、般若波羅蜜多の行人たる菩薩が自分の名声について一切の分別を忘れ、従って悪名についての恐怖のなかったことは当然でありましょう。

第三の死怖は誰にもあります。死ぬときはどうせ生きていないのだからとはいうものの、この心経をかいている筆者もいずれは死ぬのだと考えることは一寸ばかり不安な、わびしい気がします。しかし、筆者の年齢になってくると、青春時代ほどには死怖を感ぜず、しずかに死んでゆきたい位に、のんきな考え方も偶《たま》には出てくるほどですが、ようく考えてみると、死にたくとも死ねないのだから、生きている間はしっかり生きぬいて、死ぬときにはさらりと死んでゆけるような気もします。菩薩の行人ほどになったら、「不生不滅」で生れるの、死ぬのという分別も越えているのだから凡人のような「死怖」のあろうわけがありません。

第四の堕悪道怖というのは、当時の信仰によって、生きている間にわるいことをすると、死んでから悪道悪趣、つまり地獄に生れるという不安恐怖が庶民の間にあったにちがいありません。菩薩にはこの恐怖がないということでしょう。その不安なら、現代の知識人は少年少女に至るまでもっていないでしょう。日本でも中世の人々というものは真剣に自分の罪悪業を感じて、来世の悪趣の苦悩をおそれたことは多くの文学作品に明らかのことで、西洋でもキリスト教の信仰によって堕獄の苦しみにおののいたことも多かったでしょう。然るに心経の菩薩はすでに煩悩即菩提とさとっているのですから、来世に天国や浄土のあることも、乃至は、地獄のあることにも無関心であり、自然、その恐怖を感じなかったにちがいありません。

第五の大衆威徳怖というのは、よくわかりませんが少しハイカラにうけとって民衆のつるし上げ、民衆の輿《よ》論というようなことについての恐怖ではなかったでしょうか。目くら千人とはいうものの、「めあき千人の威力」を認めざるをえないのです。従って専制の暴君などはついにはこの「大衆の威徳」にたたきのめされたので、これを恐怖といったのではないでしょうか。しかし菩薩の行人は初めから大衆の上にふんわりと生きているのですから、少しも大衆におそれをいだく理由はなかったと思います。私などもつねに「大衆の審判」の前に生きていると思っています。仮にこの心経講話一冊といえども、自分では何といっても、最後にこの一冊の甲乙をつけてくれるものは、あなたであり、あなた達、つまりは世間「大衆」であります。「これはよんでみよう」という読者が増加しさえすれば著者は書き甲斐があったわけです。われわれ著者というものは出版元や新聞をおそれはしません。「大衆」を尊敬し、大衆を信頼しています。「大衆」が私を生かしていてくれるのです。ですから、私共はただ大衆の前に謙虚且つ素直な気持でいればいいのです。そこには不安も恐怖もないわけです。そんな意味ではないかと思います。

つまり無所得を体得した菩薩にはこだわりもなく、こうした五つのおそれもなかったわけです。おそれといったところで、この五つにかぎったことではなく、さきに示した圓柱の『心経釈』に出ているような盗賊、怨家、毒薬等の世間の恐怖、煩悩などの出世間の恐怖もありましょう。ここには出ていませんが註釈によると、猛獣酔象まで登場して、いかにも古代印度社会らしい恐怖だと想像出来ます。このおそれなしということは、さきにものべたように、ただ菩薩の修証の功徳神力をのべていたのではなくして、お互い、心経を読むものが五蘊の皆空を照見して、無所得の気分もわかり、自然、般若波羅蜜多による三輪空の智見が出てくればお互いに恐怖がなくなることです。これが、この一節が積極的の徳目をのべていると注意している点です。一口に恐怖といいますが、水火猛獣のような外から起ってくる客観的な危険に対してどう落ちついて処置してゆくかということについても、恐怖を少なからしめる方法も案出されますが、大体に、おそれというものの起ってくる原因の一つは自分の内心にあるのです。心におそれがあるからです。何にもせずに一生らくをして喰ってゆきたいなどとわがままの考えをもっているから、「活命怖」が起ってくるし、いつでも自分をほめてほしいなどという甘い夢をみているから「悪名怖」が起ってくるのです。とりわけ、生れてきたものは一度は必ず死ぬのにきまっているものを死なぬように、せめて自分ひとりだけは、いつまでも死なぬようにというわがままな「我欲」というか、仏教でいえば「常住想」――いつまでも変りたくないという考え――をもっているから「死怖」が起ってくるのです。一生、自分だけは入院して手術などうけずにすみたいものだ、病気などにはかかりたくないなどと勝手の期待、欲望をいだいているので「病怖」が起るのです。死んでから自分ひとり、いいところに生れたい、極楽なり天国へ生れたいという欲張った信仰をもっているので、「堕悪道怖」が起るのです。勿論、さきにも一寸ふれたように、釈尊の時代には万人が万人、死んだら「天」(sagga)に生れたいものだと渇望していたらしいのです。釈尊はそれを頭から否定しないで、「もし天に生れたければ他人にほどこし(布施)をせよ、つつしみ深い生活(持戒)をせよ」と巧みに仏教道徳を教えられたのです。そういう生天の信仰のないもの、まして大乗仏教のように、「本不生《ほんふしょう》」といって、不生不滅の空理をさとっているものに、悪道に死後生れることを何の不安に思うことでしょう。日本仏教にしても法然、親鸞、日蓮の時代をみると、その当時の人々はあまりに時代が混乱していたせいか、政情が不安であったせいか、みんな、生きていることを悪業とうけとり、来世は地獄に生れはしまいかということを現代人の想像もつかぬほどの真剣な気持で心配し、極楽往生ということが念頭を去らなかったようです。第五の「大衆威徳怖」ということは、これは全く現代の政治経済文化にたずさわる者にぴんとくる不安ではある。そういう自分なども本山もこわくないし、管長もこわくないけれども、「大衆」だけがこわい。もし現代の日本の大衆から自分が完全に見離されたらどうであろうか、これだけが不安であり、恐怖であります。しかし、私にとっては、これは自分の倫理的反省であって、つねに大衆を甘くみず、つねに謙虚の気持になって、大衆をうらぎらぬようにしたいと心がけているだけです。以上のように、恐怖のない生活を心経は要望しているのですが、外的の諸条件、今日でいってみれば天変地異も不安である。原水爆も不安である。戦争についても危機不安を感ずる。しかし、これらの不安とても、「不安」「恐怖」とうけとり感ずるものの内にはわれわれの精神的方面にも理由があるのです。地震などのないドイツ人には日本人以上の不安を地異について感じ、この地上の闘争的本能というものを深く観じないものには、平和の危機について必要以上の恐怖を感ずるのです。どうせ、この地上世界は矛盾だらけ、差別だらけ、不安だらけです。甘くみていたり、自分勝手な空想的期待をかけているものに恐怖が大きいのです。ここに出てくる菩薩が「無レ有二恐怖一」であり、われわれにそれを要求することは、その恐怖の無くなる前に自我、執著、常住想などがはらいすてられていることを前提としているのです。これはただ心経一巻の目的ではなく、「無有恐怖」とは仏教全体の目的であり、すべての宗教の目的であり、そこに安心立命となり、恐怖の除去となり、信仰の確立となってくるのです。ところが得てして淫祠邪教はこの不安恐怖の一掃と称して迷信をうりこもうとする。釈尊の言葉にも「世の人々はいわれなき恐怖にかられて、もろもろの山に、森に、園に、さては墓によりどころを求めんとはするなり。されどかかるよりどころは真実のものにあらず」（法句経一八八）といっています。霊山にのぼるのもいい。老樹の下に坐するのもいい。祖先の追善に墓参するのもいい。しかし、ただ、そのことによりて、いろいろの不安恐怖を一掃することの出来るものではありません。釈尊の根本思想である「因縁法」がほんとうにわかりさえすれば、それが「無有恐怖」であり、般若波羅蜜多であり、無所得のさとりです。仏教の目的は万人に無畏、安心を与えるものです。だから観世音菩薩のことを「施無畏者《せむいしゃ》」（無畏を施す者）と尊敬している通り、われわれ心経の読者は自らの不安恐怖を一掃することのみに甘んじていては菩薩にはなれない。進んで友人を、隣人を、安慰し、彼らに邪帰依、迷信をはらいのけて、ほんとうの正しい安心立命を与えることが目的であり、そのときにこそ自分の恐怖もなくなるのではないでしょうか。

顚倒夢想を遠離する

つぎに出てくるのがこの一句で、『忘算』にはこの「顚倒夢想《てんどうむそう》」の四字をこう説明しています。「心外ニ物ヲ見ルヲ顚《テン》ト云ヒ、因ニ背イテ果ヲ求ムルヲ倒《トウ》ト云ヒ、無中ニ物ヲ見ルヲ夢《ム》ト云ヒ、愛悪ニ心動スルヲ想《ソウ》ト云フ」と巧みに説明しているし、『幽賛』には七顚倒をかぞえ、「無我ニ於テ我ト謂ヒ、苦ニ於テ楽ト謂ヒ、不浄ニ於テ浄ト謂ヒ、無常ニ於テ常ト謂ヒ」とかぞえています。ある訳には「遠離一切顚倒夢想」と「一切」という形容詞を加えていますが、これは今日の原本にもないし、古い玄奘訳にもない。ところが『止啼銭』などは「一切ト云フ語ヲ看過スベカラズ。世間ノ種々ノ事ハ云ニ及バズ、仏トミルモ顚倒ナリ、衆生トミルモ顚倒ナリ、色ヲ色トシ声ヲ声トスルモ顚倒ナリ。顚倒トミルモ顚倒ナリ。シカアラバ見ヌガ好イト云モ顚倒ナリ。何トナリトモ意ニ慮リ分別ニ測ルコトハミナ顚倒ナリ」といっていますが、それほど、この「一切」という字に力を入れる必要もありますまい。

心経の読者、菩薩各位は積極的な徳目として、ここでさらに一歩進んで「顚倒夢想」を遠く離れることが要求されています。これは決して心経だけの話ではなく、今日、われわれ自身が気づかずに顚倒の夢想の中に生きているのです。たとえば、地球が太陽の周囲をまわっているのに、われわれの凡眼には、くる日も、くる日も、太陽が東天に出て西山に没するように見えるものです。「予言者故郷に入れられず」というが、ほんとうの話は国許では人気のないもの、灯台もと暗しです。聖者天才から見れば、一般大衆は多く顚倒の考え方をもっています。今日、日本が民主憲法によって新社会が生れ出ようとしているのに、まだ一般民衆は昔風の考え方を守って顚倒した思想をもっている、たとえば天皇に対する観念、皇居清掃の希望者が二、三年さきまでも予約済みであるというようなことは、主権在民の新日本の政治思想から一つの大顚倒といわねばなりません。というのは、物というものは一朝に変化刷新することの出来ぬもので、封建的な思想は、日に日に目盛りを修正されてはいるだろうが、そう容易に改変することは出来ないものらしい。頭の中ではきりかえが出来ても、目さきの現実の事実からどうにもならぬことが沢山にあるのです。

古註による顚倒の説明には、中々面白く、われわれの日常生活にも参考になることが少なくないように思われます。

『忘算』の「因に背いて果を求むるを倒」という説明はうがちえて妙です。今日パチンコや競馬競輪が流行し、多くの悲喜劇をこの社会につくっているが、それはみな「因に背いて果を求むる」の顚倒の思想だともいえましょう。筆者は時折、刑務所の教誨《きょうかい》をたのまれることがあるのです。そんなとき、何千人もの受刑者のにこやかな顔をみることは何としてもいたましいことに感じます。「私はたった一つ諸君にわるいところがあると思う」と最初の一句をのべると、みんながほほえむ。「それはせっかちという一点だ」、そこで一同も納得し、了承したような顔をする。「たとえば、普通の人々が十年かかって十万円ためたとする。これはちゃんと因《タネ》を蒔《ま》いて自分でその当然の結果を刈り入れたのだ。ところが諸君は、十年の辛抱が出来ないのだ。一晩で十万円を入手しようとするせっかちだ。そこの一点だけが諸君のわるいところだ」というと、一同は神妙に納得し、何かひそかにくいあらための決意をかためるような目つきをします。彼らはたしかに「因に背いて果を求めて」いるのです。アプレの青年がよく自動車の運転手殺しをやる。目的は殺人にはない。三千円ほどの料金がほしいのです。しかし、この三千円はこの青年が自らの手で蒔いた種子でえた果実ではない。他人の因によって存在する果です。そこに顚倒の考えがある。額に汗せずして成功しようとする。これもみな顚倒の夢想です。しかし、今日、何と顚倒の思想が流行していることか。百万円の宝くじといい、すべての投機的のことはみんな一つの顚倒思想からきていはしまいかと思います。

窺基《きき》が『幽賛』に七顚倒とかぞえたものは仏教としては本格的のものです。仏教の根本思想、すなわち、心経に一貫するものは苦、空、無常、無我の四つです。ここでは無我と苦と不浄と無常の四つをかぞえている。この四つが実相であるのに、その反対の自我、楽、浄、常住という風にうけとるのがお互い人間の顚倒の見解です。第一の自我にしたところで、自分というものは誰しも自分として認めている。筆者も「自分は友松である」とこう自認し、こうした自分が実在しているようにうけとっています。しかし、その自認している自分、自我なるものがほんとうに実在しているわけではない。生れ落ちてからこの六十何年、刻々にこの自分は変化し、新陳代謝しているので、生れ立ての自分と、今の自分とは必ずしも同一物ではないようにも思えますが、自分としての統一意識をもちつづけているので、相変らずの自分だと思っている。しかし、すでに心経の最初からくりかえしてきたように、五蘊は仮和合であり、因縁によって暫定的にこうしたすがたを示しているだけで、どこにも、「自性」としての自分は存在するものではない。まして、仏教でいう「我」とは普通のわれだ、かれだということばかりでなく、自存孤立の自性のことをいっているので、凡そ、この世の中に、自分ひとり立ちの出来るものはないのです。ところがお互い、こうやってこの世間に生きているものは自分ひとり立ちで生きているように思っているのです。そううけとるのが顛倒の夢想です。ようく考えてみるがいい、その自分とはどこにあるのか、この手か足か、頭か、心臓か、五臓六腑か、そのいずれでもなく、そのいずれでもある。しかし、その肺一つにしても宇宙外界の空気があってこその肺であり、光線あってこその目です。この地球、この大宇宙あっての自分であり、大自然あっての自分です。普通に「自分が生きている」と思ってはいるが、自分は生かされているのだ、一切の因縁によって生命を与えられ、呼吸させて貰っているのだ。こううけとるのが般若波羅蜜の智見です。五蘊皆空の照見です。そういったからとて、この自分がないのではなく、色即是空であると共に、空即是色の自分である。だから釈尊も「おのれこそおのれのよるべ、おのれを措きて誰によるべぞ。よくととのへしおのれにこそ、まことえがきよるべをぞえん」（法句経一六〇）といわれ、「おのれを灯火とせよ、真理を灯火とせよ」ともいわれています。自分を空じて何もないとうけとるのは断見であり、この自分はお山の大将おれひとりと考えると常見だとして批難されています。そのいずれにも偏向せずに、ふんわりと、この自分の今日の自分をおあずかりしているのが中道の正見であって「遠離《おんり》顛倒《てんどう》夢《む》想《そう》」とここにいっているところです。

この自分も自分の自分ではない。どうにもならぬ不自由の自分であり、今日あって明日をも保ちがたい不安定の自分であるところに苦感が起ってくるのです。人間生活を分析してみると、そこには無限の欲望と期待があるのに、外には有限の生命と対象としかない。そこに人生は苦しみであると釈尊はとかれました。ところが人間はつねに楽を、幸福を追求して止みません。そこに顛倒の夢想があり、苦の中に楽を求めている。そうでなく、人生は苦しいものよとあきらめて生活していると、案外、この世もたのしいのです。まして、他人が苦と思い、いやだと思っている仕事を自ら進んでやったり、世間のお役に立ちたいと、わざと苦難の道を自らえらんでゆくと、存外案ずるよりうむが易く、そこに一道のたのしみがあるのです。人生は幸福の楽園であると思いこむのもゆきすぎ、といって「無苦集滅道」とあったように、紋切り型に、人生を苦の一面ばかりに誇張することもゆきすぎ、人生は苦楽一如、苦があれば楽がある、楽は苦の種子《たね》、苦は楽の種子と有機的に、ダイナミックにうけとってゆくものには顚倒の夢想がなくなって般若の正見が出てくるのです。

第三もこれと同じで、この世の中は思ったほど美しいものではない。美人を見て筆者も美しいとほれぼれする。美人を無理に醜いと思うことは出来ない。しかし、よく近寄ってみれば、十五夜の月の世界にも山河があるようにいいところばかり、美しいところばかりではなく、一皮むいてみれば赤い血液が流れている、という風に仏教の修行者はうけとって自分の性的本能を抑圧しようとつとめたのです。不浄の中に浄を求めるのが顚倒見だと教えたのです。このきびしい省察も、思えば宗教生活としては尊いようにも思えますが、何もそう無理な見方をする必要もないというのが「不垢不浄」の心経の正見です。浄にもおぼれるな、不浄とてさけるな、美人のあでやかさをたたえるのもいいではないか。深追いせぬことだ。ここらが心経のねらっている浄穢不二の般若智ではあるまいか。

この世の中は時々刻々として流れうつってはいる。これがほんとうのすがたです。そういう自分とても、一日一日と老衰に向っている、風化作用をうけつつある。そうした無常変化の流れるすがたをその流れるままに自分をつかみとることは中々出来ない。汽車の窓から次から次にうつるのは外景ばかりではない。見ている乗客も刻々にうつりかわっている。見ている自分も変移しているのですが、中々そうはうけとれぬのがわれわれ凡夫の盲見なのか、それともこれこそが空の妙相とでもいうのか。動いているものを暫らく動かぬものと眺めているところに人生の妙味もあるのです。常想をもちすぎても、無常想をもちすぎても、これはともにゆきすぎです。うつりゆくすがたをかりそめに、やんわりと、そのままのすがたにうけとってゆくところに、真空妙有の日常生活があり、顚倒夢想を遠離した般若の生活があるのではあるまいか。

こうした凡夫の陥り易い顚倒の夢想から遠く離れて、ほんとうの目、さとりの目、ほんとうの智見をもつことが、要求されているのです。あたり前の見方をすることです。真実、実際の正見をもつことを心経は要望するのです。従って、ここまで心経を読んで下さった読者は菩薩だからとか、般若波羅蜜多とか、そうしたごつい、ぎごちない名称にとらわれることなく、ありのままに、ありのままのすがたを見破る目をやしなって貰うことです。顚倒、ひっくりかえしの夢想を遠く離れるということは、今まではさか立ちをして世の中を見ていたのですから、今度は大地に踵を下ろして歩けばいいのです。「如実観察」と釈尊はいっていられますが、「如是相」を「如是見」すればいいのです。現代日本人は随分、多くのさか立ちをしていはしまいか。日本人のくせに西欧人の体格に似せてつくったものを無条件にまねてはいまいか。今やさか立ちを止めるときがきているのです。

究竟涅槃(niṣṭhanirvāṇaḥ)

『仮名抄』に「究竟トハキハマリツキタル義ナリ。万法ミナ涅槃ヲ至極トスルナリ。ネハントハ不生不滅ノトコロナリ。円満清浄ノ義ナリ。清浄トハ空ノ異名ナリ」といっているように、無所得となれば菩提薩埵の修行が成満し、そのまま般若波羅蜜多を体得するから、心にこだわりなく、恐怖もなく、顚倒の夢想も遠離することが出来ます。こうなれば、自然に仏教の理想である涅槃を完成せざるをえないのです。しかし、心経は揚足《あげあし》取りの名人ですから「究竟《くきょう》」といえば、どこにも究竟すべきものはないというだろうし、会得したと、うっかりいえば、無所得と弾呵されそうですから、ことここに至れば、いってみれば、これが究竟涅槃ということにでもなろうか、という位のことでしょう。『忘算』はここのところを「究竟ハ窮尽ナリ、涅槃ハ円寂ト訳ス、徳ニ圭角ナキヲ円ト云フ。塵労中ニ穏然タルヲ寂ト云フ、死ヲ涅槃ト謂ヘルニ同カラズ。髑髏《ドクロ》ガ快楽ヲ説クノ類ニ非ズ、又不生ヲ涅ト云フ、不滅ヲ槃ト云ヘリ」とこじつけ梵語論をやっているが、ねらいは決してくるってはいません。「涅槃《ねはん》」といえば二月十五日仏入《ぶつにゅう》滅日《めつび》の涅槃会を思い出して、「死」を意味するようであり、また、実際、古代印度では死と同義をもっていたこともありますが、仏教ではむしろ般涅槃（Parinivāṇa）といえば、釈尊のさとり、もしくは聖者の偉大なる死を意味しているが、ここでは『忘算』の著者がいう通り「死ヲ涅槃ト謂ヘルニ同カラズ」で、仏教徒の理想的心境をいったのです。つまり宗教上の法悦境のことです。『仮名抄』はここを「円満清浄」といい、『忘算』は「円寂」と説明していた通り、普通考えるようなじめじめしたもの、否定的、消極的の心境ではなくして何というか、のびのびした、「寂滅為楽」の言葉があるように一縷《る》の幸福感を伴ったものであったにちがいない。ときには清涼といい、安穏といい、快楽といっているところから見ると、大法悦境という言葉が一番あたっているでしょう。それもふわふわした、うきうきした、この頃の快楽感ではなくして、万象寂として音もなき静かな、ふかふかした幸福感であろうと思います。どうか、心経の読者がこの幸福感をこの心経講話の中からつかみとっていただきたいと思います。心経はしかつめらしい屁《へ》理窟ばかりといているものではなく、中々話せる相手です。たのしさの伴わぬものは決して永くつづくものではないからです。仏教のねらっている最後のぎりぎりのところは案外たのしい心境であると思う。それでこそ二十五世紀もつづいてきたのでありましょう。

三世諸仏

『仮名抄』に「三世トハ過去現在未来ヲイフナリ。仏ヲハ覚者トイフナリ。一切有情ミナ覚性ヲソナヘタリ。マヨウガユヘニ衆生トイヒ、サトルヲ仏ト云フナリ。自心ノ外ニ仏ナシ、人々自心即仏ナレハ是ヲ諸仏ト云フ也。三世トイフモトヲキ事ニアラズ。前念スデニ滅シタレバ、過去、後念イマダ生ゼザレバ現在ナリ。過去仏、現在心、現在仏、未来仏ナリ。過去心不可得。現在心不可得。未来心不可得ナレバ、タダ一念一仏ニシテ二心二仏アルコトナシ。不去不来三世常住ナリ」と説明しています。これは禅門の立場から三世諸仏を自分の一心清浄につけて説明したのですが、ここで一通り三世《さんぜ》諸仏《しょぶつ》ということをのべて置きましょう。この地上に仏になったのは歴史上は釈尊お一人です。これは少しもかかわらぬことです。しかし、その釈尊がおさとりをおひらきになった当時の心境を分析してみますと、自分は先人未踏の処女地を開拓して成仏したように思ったけれども、そのさとりの内容たる因縁法という真理は自分が気づく前から存在したものであり、たしかに先覚者があって同一道を歩み、同一の足跡をつけられたのだという「過去仏」の信仰が釈尊の胸にあったと思われます。それが時代と共に過去七仏の伝説がつくり出されたのです。その数は増加する一方です。釈尊の滅後、もうこれで仏はおしまいだとは考えられず、必ず、未来に弥勒《みろく》と名づける慈悲心ある仏が出現するであろうという信仰が生れて、自然に過去・現在・未来三世の諸仏というものが考えられ出されたと思います。今一つはこの『仮名抄』などのいっているように大乗仏教徒にとっては仏は複数でなくてはなりません。われもひとも、一切衆生、万人成仏の確信が根底をなして菩薩の精神となり、般若波羅蜜多の思想が生れてきたのです。三世諸仏の母は般若波羅蜜多なのです。智慧が仏母です。もし仏母は史上の女性たる摩耶夫人ひとりなら三世の諸仏は生れてきませんが、釈尊を仏たらしめたものは肉身としては摩耶夫人ですけれども、法身は智慧の完成、つまり般若波羅蜜多です。それゆえに、般若波羅蜜多さえあればいくらでも仏は出来るわけです。つまり、智あるところに智者あり、智者をうむものは智慧そのものです。ですから、ここに「三世諸仏は般若波羅蜜多に依るが故に阿耨多羅三藐三菩《あのくたらさんみやくさんぼ》提《だい》を得玉ふ」といっているのです。この最後の梵語はサムヤクサムボーディ（samyaksambodhi）の音訳でありまして「無上成等正覚」というような意味です。つまり、この条は各位の覚えていられるように、行人の得益を述べているものと古来称されている通り、さきには菩薩の得益、次に三世の諸仏の得益が述べられているのです。得益といいましても、前にも述べたように、世間でいう御利益を列挙したのではなく、あたり前のことを書いてあるだけで、後段の三世諸仏の方は無上の正覚を得られたというだけで、別にほかの功徳は述べられていませんが、成仏にまさる得益はないでしょう。つまり、心経がここでいいたいことは、三世の諸仏も偶然、奇蹟などによって成仏したのではない。般若の空理、因縁空の妙理をさとることによって成仏したのだということです。勿論、菩薩の条下でものべました通り、般若波羅蜜多の蔭には布施乃至禅定の五波羅蜜の修証が略されていることはかえすがえすも忘れていただいてはなりません。般若空は智目です。舟の舵ですから、五度のろかいがあり、船体があってこそ舵の役目がはたせるのです。だから三世諸仏も六度の修行を究竟して成仏されたわけです。

第八講　さとりへの一歩

故《こ》知《ち》般若《はんにゃ》波羅蜜多《はらみた》　是大神呪《ぜいだいじんしゅ》　是大明呪《ぜいだいみょうしゅ》　是無上呪《ぜむじょうしゅ》　是無等々呪《ぜむとうどうしゅ》
能除一切苦《のうじょういっさいく》　眞實不虚《しんじつふこ》　故説般若波羅蜜多呪《こせつはんにゃはらみたしゅ》　即説呪曰《そくせつしゅわつ》　揭諦揭諦《ぎゃていぎゃてい》
波羅《はら》揭諦《ぎゃてい》　波羅僧揭諦《はらそうぎゃてい》　菩提薩婆訶《ぼうじそわか》

故《ゆえ》に知《し》りぬ。般若波羅蜜多《はんにゃはらみた》はこれ大神呪《だいじんしゅ》、これ大明呪《だいみょうしゅ》、これ無上呪《むじょうしゅ》、これ無等々呪《むとうどうしゅ》なり。能《よ》く一切《いっさい》の苦《く》を除《のぞ》き眞實《しんじつ》にして虚《きょ》ならず。故《ゆえ》に般若《はんにゃ》波羅蜜多《はらみた》の呪《じゅ》を説《と》く、即《すなわ》ち呪《じゅ》を説《と》いて曰《いわ》く、揭諦揭諦《ぎゃていぎゃてい》　波羅揭諦《はらぎゃてい》　波羅僧揭諦《はらそうぎゃてい》　菩提薩婆訶《ぼうじそわか》

心経のプロペラ

いよいよこの講話も最終講になったわけですが、これは読者がこの経文をお読みになればわかるように、般若波羅蜜多という智慧の完成そのものが、これが最高の呪文だということをといているのです。心経の考え方は前講まで全部終了してしまって、もう何もいうことはないのです。しかし、もし心経の編作者がここでぶつりときって、呪文の一節をぬかしていたら、この心経は今日のように多くの人々に親しまれたり、読まれたりすることはなかったろうと思います。世間では、全くこれと反対に、前の条々は全部ぬきにして、「ギャテ、ギャテ、ハーラギャテ、ハラソウギャテ、ボジ、ソワカ般若心経」だけを口にもし、耳にもする。とくに冬の寒にはいると職人衆が水垢離《みずごり》をとりに出かけるが、往返のかけ声はこの「ギャテ、ギャテ般若心経」です。庶民大衆にとってはこの梵語の呪文が何ともいえぬ神秘的な魅力をもっているのです。それに功徳があると思っているらしいです。ですから、もし心経の初頭に登場する「観自在菩薩」の人気が心経の機関車だとすれば、この呪文は心経のプロペラだともいえるでしょう。今日までこう も心経が普及された理由については、沢山の原因が考えられるけれども、「この経をよむものに功徳あり」という思想が普及されたからです。さきには原文にはない「度一切苦厄」とあり、この節に「能除一切苦」とあるのをすべて利己的にうけとり景物と考えたのでしょう。たしかにこの一節を静かによんでゆくならば、呪文は一つの景物にすぎないことに気づくでありましょう。ところが景物というものを大衆が好むのです。「何かの現益功徳がある」ときくと、誰でも耳をかたむける。まして呪(mantra)文は印度古代の俗語をそのままに音訳してあるので、一般民衆には何のことかチンプンカンプンである。チンプンカンプンだから、大衆がいよいよその中に神秘観をもつのです。訳してしまえばそれほどのことではないものを、異国語のひびき、それに対しての自由奔放な想像力がわいてくる。庶民の生活不安はつねに何らかの神秘性を本質的に要求しているのです。といいますと、筆者は何かこの呪文を思想的にかろんじているようにひびくかも知れませんが、心経というものは年少な、論理一途《ず》の青少年ではありません。海千山千の老成人です。般若波羅蜜多を民衆に手渡すためにつの「方便」をつかうことを知っているのです。思想上からも実相般若は方便般若をつねに道連れにすることを知っているのです。もし、この心経が初分の観世音と、末分の呪文とを忘れたなら般若波羅蜜多にならぬのです。『心経講要』の著者慧澄もこの点に気づいて「顕詮ノ初ニハ行深般若ト言ヒ后ノ密呪ニハ掲帝掲帝ト云ヒシニテ一経ノ始終菩薩ノ行ヲ演ヘシハ顕レタリ」といっています。この呪文の掲帝〈諦〉(Gate)は行を意味しているので、一経の前後行をもって一貫しているというのでしょう。とにかく、末尾に密教の呪文をもってむすんだということが、一般の人々につよい神秘的魅力を与え、万人またこのんでこの意味のわからぬ呪文を口ずさみ、この心経をして天下の第一経たらしめてしまったのであります。

花の吉野山

さきに五蘊皆空から色即是空空即是色にすすみ、ついに無苦集滅道と文字言葉をもって説明したことを、密教流の区分に従えば「顕教」すなわち言説によってあらわされたるもの、すなわち「顕詮」といっていますが、これに対して呪文のような一般人には秘密の呪文をもっていいあらわすことを「密詮」といっています。さきにも引用した慧澄の『心経講要』には次のような巧みな解説をしています。「顕詮ノ次ギニ密詮ヲ演ルハ仏意測《ハカ》リ難キ事ナレドモ、顕詮ハ残略ニシテ密詮ハ深秘ナリ。例セバ或ル人、吉野山ノ花ヲ看《ミ》ルニ往《ユカ》ントテ、途中ヨリ雪ニ見立テ、雲ニ見立テ、サマザマニ吉野ノ景色ヲ想ヒヤリシガ、正シク吉野ニ到テ見レバ、前ノ見立テハウセハテ、『コレハコレハトバカリ吉野山』ト言ヒシガ名句トナリシト云フ如ク、顕詮ノ色不異空等ハ皆ナ深般若波羅蜜ノ見立テニテ、密詮ノ掲帝掲帝ハ雪ヤ雲ノ見立テヲ打チ忘レテ真面目ヲ吐キ出セシコレハコレハトバカリ吉野山ナルベシ。此レニテ顕密ノ浅深ハ彰レタリ。併シナガラ雪雲ノ見立テモ真面目トチガハズ、真面目モ雪雲ト見ル花ノ外ナケレバ顕密詮殊《コト》ナレドモ理趣ハ一ツナリ」と説明しています。慧澄は掲帝掲帝以下の末尾の呪文を「これはこれはとばかり花の吉野山」という詩的表現を引用して、あれこれと説明している他本よりは端的であり、真面目にふれていると見たのでしょう。しかし、この見方はこの掲帝の呪文も釈尊のお言葉、仏語仏意としてうけとった伝統的態度に立って顕教と密教とを調和しようとしたのです。

真言

ここに呪と訳しているのはマントラ（Mantra）という梵字の訳語ですが、「真言《しんごん》」とも訳しています。普通世間では陀羅尼(Dhāraṇi)——総持の義——の名でひろく知られています。印度に早く発達した呪文思想の影響をうけて、釈尊滅後数百年にして仏教界にとり入れられ、西紀四、五世紀以後は非常な勢いをもって普及せられ、大乗仏教にしてこの密教の影響を蒙らぬものはなかったというほどの流行を見、特にチベットやネパールの仏教はその代表的のものでした。従って、この心経にこうした呪文がとりこまれたのは真言系統の流れをくむものであり、密教盛行時代の編作とみなくてはならない。それではこの呪文は全く釈尊の関知せられなかった後代の偽作であるとでもいうのか。今日の経典の研究の及ぶところではそんな軽率な性急な結論は出せないのです。在世の釈尊の言行の中にも多少呪文めいたことをつかわれたような様子があります。たとえば、釈尊が弟子のアングリマーラをして難産に苦しむ妊婦を慰問させたとき呪願するようにすすめています(仏教聖典第一三四節)。釈尊が戸々に乞食《こつじき》され受食《じゅじき》されたとき、何といわれたかはっきりその材料は残っていませんが、家内安全息災延命とでもいわれたのか、何らかの施者の受福を呪願せられたと伝えていますから、さすがに民衆の教化指導に卓抜な能力をもっていられた釈尊のことですから、何らかの方式で相手を満足させられたにちがいないと思います。ですから、呪文が経典に正式に採用される以前から、おそらく釈尊在世から民間に流布していた呪文を相当に利用されたものと思われます。

新しい酒

勿論、釈尊が実際に「掲帝掲帝《ぎゃていぎゃてい》」の密呪を残されたとは思えませんが、釈尊平素の教化方式というか、伝道の手法というものからして、心経に般若波羅蜜多がそのまま呪文であるとされたことは、明らかに釈尊風の手法であって、俗に「古き皮袋に新しき酒を盛る」といいますが、その通りです。前にも一言したように釈尊時代にも生天思想がつよく、民衆はこれにあこがれをもったが、合理主義者の釈尊なら頭からこれを否定されるかと思うと左にあらず、「天に生れたければ布施と持戒をせよ。さらば天に生れん」と教えられました。これは一つの方便であったといってしまえばそれでおしまいですが、折角民衆が信じているものを頭から否定する必要もなく、否定出来るものでもありません。おそらく心経の呪文もそれと同じく、心経成立時代には呪文が流行していたにちがいない。また、実際に、心経ではないが、くどくどと理窟を並べ立てられてはくさくさしてしまいます。大衆は簡略を要望する。一口につきることを欲する。わけて、多少の神秘性の加味を好むのです。仏教教理の煩瑣複雑にあきあきしている信者に、その結論として、要約として二、三の呪文を最後に示されるということは民衆指導の秘訣であったにちがいありません。そういう呪文の通念を利用して、無所得の因縁空の智見こそ、最上の呪文であると教えられたということは釈尊の教化の妙というべきでしょう。

こうした事例は釈尊の教化に沢山の類例があります。有名な六方礼経《ろっぽうらいきょう》（仏教聖典第一四四節）もその一つです。シンガーラカという一青年が父の遺言にもとづいて、毎朝河辺で水をあびながら東西南北上下六方の神々を礼拝しているのを、ある朝釈尊が御覧になり、その神々についてたずねられ、「わしの方にも六方礼があるよ。ちょっとちがうけれどね」と青年の注意をひき起し、父子、夫妻、主従、師弟、師檀、朋友など相互を尊敬しあう社会倫理を現実的にみちびかれました。「六方礼」という折角存在する古い皮袋を破りすてないで、そのままにして、その中身だけを新酒にとりかえる。これが釈尊教化の手法です。心経でも、その通りであって、この心経の呪文は肯定されているように見えて、実は否定され、止揚されているのです。最高無比の呪文はギャテギャテと口に誦することではない。般若波羅蜜多、すなわち、智慧を完成すること以外に、いかなる呪文もいらないし、存在しないということを主張しているのであります。しかも、そういいながら呪文を出さぬのではなくして、ギャテギャテがついているところが、実に巧みな方式だと思います。「六方礼」という宗教的儀式に代るに、父子、夫妻、師弟などの実践道徳をもってすりかえてしまったのでは「六方礼」の宗教はすたってしまうのです。智慧こそが呪文だ。呪文などはいらぬものだといってしまっては、道理には合うが民衆がついて来ないし、やがて、智慧の完成こそが仏母であり、大明呪であるということも、いつの間にか消えうせてしまうのです。もとも子もなくなってしまうのです。合理主義者の過激な革命が割合いにいい結果を残さないのはこういうところにあります。それに人間というものには、ましてや大衆というものには一縷の神秘主義が宿っているのです。その原因は人間それ自体の不安定という宿命の中にも、生活不安という社会的条件の中にもひそんでいます。人間は何かの神秘性をこころの中に願っているし、たよりにしています。釈尊の寛容の精神は、というよりは民衆を知る慈悲のこころは、この心霊的なものをつめたく否定せずに、これに智慧の裏打ちをして、呪文と般若波羅蜜多を調和したのです。これは釈尊から流れ出ている仏教のあたたかい世界観、人生観でもあったのです。何ものをもすてないでとり入れてゆく、たとえば仏教が日本にきたとき、神道を否定せずにこれをとり入れ、これに与えながら、とりおさめて行っているところに両部神道が生れ、今日民衆の中に流れている一つの神仏の調和の存在するゆえんです。もし、これがキリスト教のようなセミチックの排他的宗教であったら、一か八《ばち》かである。取るか捨てるかである。そこには寛容の精神がかけてするどい排他的独断主義が支配しています。さればこそ、新教が日本に伝来して百年にしてまだ二十万人の信者しかえていないゆえんです。そのきびしさも宗教としては、一面、大切なところではあるが、旧教であるキリシタンが徳川時代にマリヤを観音に仕立て、民衆に示した手法の方が遙かに今日のプロテスタントよりも日本民族を知っていたのではあるまいか。きびしく自己をのみ主張したところで大衆世間はついてくるものではない。大衆の好み望むところにひきずられながら、これをいつの間にか正しい方向にひきずってゆくことが教化ではあるまいか。この点、釈尊の教化の手法に発して、この心経の構造に至るまで一貫した「古き皮袋に新しき酒を盛る」教化態度はたっといものです。

能除一切苦真実不虚

「故に知りぬ般若波羅蜜多はこれ大神呪《だいじんしゅ》これ大明呪《だいみょうしゅ》これ無上呪《むじょうしゅ》、これ無等々呪《むとうどうしゅ》」とこの呪文の最勝性をのべたあとに、「能く一切の苦しみを除き真実にして虚ならず」といっているのは、一寸きくと呪文の功徳のようにうけとれますが、そこがこの一句のみそです。実際は般若波羅蜜多にかかっていることを注意せねばなりませぬ。このギャテギャテの呪文が能く一切の苦しみを除き「真実にして虚ならず」であるようにひびいているところに妙味があります。そこで一般大衆は冒頭の観自在菩薩のあとにある「一切の苦厄を度す」の一句と、この呪文のあとの一句をすべて心経をよむものに与えられる功徳とうけとるように仕組まれています。般若波羅蜜多が一切の苦しみを除くのか、呪文が除くのか、どっちともとれるのがみそであり、巧みな表現です。勿論、心を平らかにして心経をよむ者は「能除一切苦」は般若波羅蜜多の功能であることは一目瞭然ですけれども、それをぼんやりと両方にひびかせているところに妙味があると思う。

『忘算』が「真実ハ色即是空ナリ、不虚ハ空即是色ナリ」と説明しているのも面白い一つの見方であるが、それほどにこまかく限定すべきでなく、般若波羅蜜多こそ真実にして虚でないとうけとっていいと思います。

ギャテギャテ

最後に呪文が出てくる。「掲諦《ぎやてい》掲諦《ぎやてい》　波羅《はら》掲諦《ぎやてい》　波羅《はら》僧掲諦《そうぎやてい》　菩提《ぼうじ》娑婆訶《そわか》」の呪文です。ただこうきいたのではチンプンカンプンで何のことかわからぬが、わからぬのがいいのだという見方もあります。特に、玄奘の弟子である窺基《きき》や圓測《えんじき》の心経の註釈書にはここを翻訳していないことは注意すべきです。とくに圓測の『心経賛』には「翻ずれば即ち験を失うが故に梵語を存す」といい、それでもさすがに内容がわかっていたものだから「度々、此れ般若に大功能有ることをあらわす。自度、度他のゆえに度々と言う」と説明しています。圓測のいっているようにこの梵語の呪文は翻訳してはいけない。なまじいに翻訳すれば功験を失ってしまうといっているところに心経の訳出直後の時代精神がわかります。『心経仮名抄』などにもこの呪文の下で「コノ十三字ハ呪也。密語ノ般若トイフナリ。呪ハ諸仏ノ密語ナルガユヘナリ、タヾ仏トイフノミヨクコレヲ知リタマウナリ。余人ハ知ルコト能《アタ》ハズ」と明言しています。仏の密語だからわれわれ凡夫余人にはわからぬとか、訳すときき目がなくなるといってしまえばおしまいですが、梵語の学問の進んだ今日、そんなとぼけたこともいってはおられません。

ガテー　ガテー　パーラガテー　パーラサンガテー　ボディスヴァーハ（Gate gate pāragate pārasaṁgate bodhi svāhā）

筆者は新訳般若心経の中に「行《あゆ》みては行《あゆ》みては彼の岸にぞ至る。人の世のめざめついに彼の岸に至ることをえたり」と訳して置きましたが、従来、「度度彼岸度彼岸衆度、道成就」と訳しています。弘法大師などは「行々入円寂」と示していられるが箇にして要をえていると思います。『心経私直談抄』（元亀元年写本）には真言家の解釈として、最初の掲諦《ぎゃてい》は声聞《しょうもん》行果、次の掲諦《ぎゃてい》は縁覚《えんがく》行果とし、波羅掲諦《はらぎゃてい》は諸大乗行果とし、最後の波羅僧掲諦《はらそうぎゃてい》を真言行果と判じています。『忘算』は「度々、上ノ度ハ自度、下ノ度ハ他度ナリ、本経ノ観自在菩薩ヨリ度一切苦厄マデヲ密説ス。彼岸度。此岸ノ凡夫ヲ彼岸ニ度スルナリ、本経ノ凡夫所離ノ一段ヲ密説セリ、彼岸衆度、彼岸ノ衆ハ声聞縁覚小菩薩ナリ、本経縁覚所離声聞所離小菩薩所離ノ三科ヲ密説シ三乗得果ノ執ヲ斥クナリ」と説明しています。イギリスの仏教学者エドワード・コンゼ（Edward Conze）も一九五五年五月の大菩提（Mahabodhi）誌上にこのガテーガテーの呪文を分析して五科となし諸空に配しています。

凡そこの呪文については、第一講に於てすでにのべたように、この心経にのみ出ているものでなく、仏説陀羅尼集経に出ているように「般若大心陀羅尼」として他にもつかわれたものと思われますから、この心経の説相にいちいち当てはめて解釈することが、はたして可能であるかどうかはわからない。仏教以外の一般民間に流用していた呪文であったかもしれない。結局は『仮名抄』のいっているように、「仏のみ知り玉う」と逃げるか、「翻すれば験を失う」と本音を吐いた方がいいかも知れない。掲諦（Gate）という字が四回もくりかえされているので、これに何らかの解釈を加えようとする註釈者の意欲もわかるにはわかるけれども、うっかりすると、我田引水の判釈か、然らずば出鱈目のものになりはしまいか。

「行《あゆ》みては、行《あゆ》みては彼の岸にぞ至る。衆と共に彼の岸にぞ至る」というように言語学上は理解出来るけれども、これを左右に説明していいものか、説明すべきものか、それともただ、般若波羅蜜多の功徳を宣揚するために加えられた呪文とうけとるか、乃至は、般若波羅蜜多に到達するには一朝にしてうべきことでなく、自分ひとりで辿りうるものでなく一歩一歩、牛の歩みのよしおそくとも、千里の道もついにゆくべしという精神、旅は道連れであるから、われもゆき、汝もゆき、共々に速やかに（薩婆訶 Svāhā）に菩提の彼岸に達せばやという、われら行人の願望を呪文に表現したものと鹿爪らしくなく、おうようにうけとってみたらどんなものでしょうか。呪文のねらいはすでにのべた如く呪文自らにはない。といって呪文がなくてはならぬ。凡そ、仏道修行には智慧にまさるものはない。その智慧も無所得の大智を完成し究竟することがこの心経のねらいです。智目、空の目、無所得、不住のうけとり方さえ出来ればこだわりなく、おそれなく、さか立ちの考えのない中道の正見によってこの実人生をしっかりと歩んでゆけるのだということがわかって、そのさとりへの一歩に気づいたらそれが私共の般若波羅蜜多心経であります。

心経研究を志す人のために

以上の八講で心経のねらいどころ、その中心的主張は一応おわかりをいただいたと思いますが、もっとつき進んで研究したい方々のために参考書類を書き並べて置きましょう。

般若心経の異訳

1 摩訶般若波羅蜜多大明呪経　伝羅什訳
2 般若波羅蜜多心経　唐玄奘訳
3 同　般若利言共訳
4 普遍智蔵般若波羅蜜多心経　法月訳
5 仏説般若波羅蜜多心経　伝唐義浄訳
6 般若波羅蜜多心経　智慧輪訳
7 仏説聖仏母般若波羅蜜多経　宋施護訳

これらは第一講に述べておいたように多少の出入があり、大型心経と小型の二通りあること、内容に於ても大分玄奘訳と重複するところがありますから一通り読んでほしいと思います。これらはみな大正新修大蔵経の般若部にのっています。梵本のことはさきにのべましたからここでは略しておきますが、同じ般若部に燉煌から出ました「梵本般若波羅蜜多心経、観自在菩薩三蔵法師玄奘とともに親しく教授するところの梵本にして潤色せず」と割註のあるものです。梵語を漢字に音訳したもので、法隆寺所伝の梵本と比較してみると中々面白い出入があります。法隆寺梵本のマックス・ミューラー博士による英訳本は第一講の註四に出して置きましたが東方聖書の第四十九巻にのっています。燉煌本に梵語を対照させたものには松本徳明氏『般若波羅蜜多文学』(Die Prajñāpāramitā Literatur, 1932 Stuttgart) を参考にされるといいし、マックス・ワレーザー博士『般若波羅蜜多』(Prajñāpāramitā, 1914) は心経のみならず般若経全体の知識を提供しています。この方面では国訳大蔵経第二巻の般若経解題(椎尾弁匡博士)は梶《かじ》芳《よし》光運氏の『原始般若経の研究』と共に必読すべき文献でしょう。鈴木大拙英文著作集のうち、「般若経の哲学と宗教」はその後段に心経にも論及し、博士一流のすぐれた見解をのべていられて非常にうるところが多いと思います。そういう点では心経関係のあらゆる史料を集成された榛《しん》葉《ば》良水氏の『般若心経大成』はどうしても用意する心要があります。それには『心経異訳梵本』という古い刊本も参考にすべきでしょう。

中国に於ける註疏類

漢訳や梵本についてはその位のことにしまして、心経の註釈書について一言せねばなりません。それには何といっても玄奘の弟子であった窺基と圓測のものはどうしても一読せねばなりません。

1　心経幽賛　二巻　唐窺基

2　心経賛　一巻　〃圓測

『幽賛』はさすがに名文であり学識の深い窺基の手に成っていますから中々よみにくいですが、玄奘訳が出来て余り程たっていないときの註釈書ですからどうしても参考にせねばなりません。この点、圓測のも同様です。ただ、注意すべきことは、二人とも、唯識の法相教理にもとづいて説明していますから、心経の解釈としては少々物足らぬところ、やや形式的になっているところがあります。しかし、何といっても大学者らの手になっていますから、その後の心経研究者の定本の一つに役立ったようです。

3　心経略疏　唐法蔵

つづいて心経研究の支配的定本になったものは、この『略疏』です。序文もすばらしい名文であること『幽賛』と双璧というべきでしょう。さきの二註が唯識流教理で心経を解釈しているのに対し、これは三種般若、実相、観照、文字の三般若を分別して天台華厳独自の見解を示し、後年の心経註釈に筋金を入れたといってもいいほどです。五門分別して、教興蔵摂宗趣釈題解文となし、そのさばきのあざやかなること胸のすく思いがします。中観の立場で心経をみようするものの必読の註であります。さすがにこの略疏には数種の末註が出来ています。

4 略疏連珠記　上下二巻　宋師会
〃 探要鈔　普寂
〃 顕正記

師会のものは一読したが、『顕正記』と共に日本に刊本が出ているほど民間に愛読されています。『連珠記』にも法蔵の疏を絶讃し「字々頓旨に朝宗し円頓宗主華厳祖師なり、豈《あ》にかの三時五時の学士会権帰実の漸人と日を同じうして語らんや」とひそかに前の二註にまさることをのべているのは全く同感です。

5 御製心経註解　明宋泐如玘註

大明高祖の序文がついているが中々いいものです。「今時之人仏ノ所以ヲ知ルコトナシ。毎ニ云ク、法ハ空虚ニシテ実ナラズ。何ヲ以テカ君子ヲ導キ小人ヲ訓《オシヘ》ント、朕《チン》ヲ以テ之ヲ言ヘバ、則チ然ラズ。仏ノ教ハ実ニシテ虚ナラズ、正ニ愚迷ノ虚ヲ去テ本性ノ実ヲ立テント欲ス」とて心経の実大乗たるを明らかにしています。宗泐如玘は共に禅門の人物であって、その註解もその宗風が出ています。

6　心経発隠　上下　　明正相

正相は天台系の人物であり法蔵の略疏を継承しています。すなわち、実相観照文学の三般若を立てています。最後の密呪については不翻の態度をとり、顕密の両説を立てながら、密説をば名字言説を離れ言語道断思慮寂滅をもって般若の無説無聞の旨に合するとなし、密説の得益を禅家の単参に結びつけている点、後年の禅系統の心経註のさきがけをしています。

7　心経際決　　明大恵

前記の正相とほぼ年代を同じくする北禅の沙門である著者だけに、禅宗系の心経解釈がきびきびとした手法でなされ、とくに注意すべき十二因縁の条下で「論ニ云ク」として「一支に十二支を具し支々十二支を具し共に一百四十四支、支々真佐二諦を具す」といい、華厳風のあつかいをしていることと、末尾の呪文については正相と同じく禅密の一致をとき、この呪文をもって「離言絶意、教外の深般若に非ずや」とむすんでいることです。

8　心経釈要　　明智旭

大体、法蔵の解釈に系統をもち極めて簡明に心経を解釈しています。「惑に即して智を成ずるを波羅蜜と名く」あたりは中々にあざやかであり、呪文については顕密の両説を立て「不翻をもって妙と為す穿鑿《せんさく》すべからず」といっています。

9　心経解義節要　　明無念居士

序文にいっているように、諸家の解釈のいろいろあるのを繁をさけてその精巧のものをつづったものでありますから、宗泐の『心経註解』、賢首、古雲、宋景濂、仏海、孤山智圓の各説を博引しているので、諸宗の説をあわせ知ることが出来ます。

以上で中国の心経註釈の概観を了えるのですが、中について法蔵の『略疏』だけでもよまれることをすすめます。

日本の参考書

日本で徳川時代以前に出た心経解釈も中々沢山ありますが、中にはさすがに和語でかいてあるのでわかり易く、やはり日本人向きの解釈だと思われるものが多く、自分の目を通したものだけでも一応列挙してみましょう。

1　心経口譚　（元澄録）　　5　――講要　（慧　澄）
2　――心要　（道　隆）　　6　――忘算　（無　著）
3　――略解　（慈　山）　　7　――釈　（圓　柱）
4　――集説　（徳　清）　　8　――述記　（智　光）

9 心経捷解（洪　川）
10 ——註解（圓　耳）
11 ——仮名抄
12 ——疏（明　曠）
13 ——古徳抄
14 ——決談抄（湛　道）
15 ——指掌（永　覚）
16 ——止啼銭（天　桂）
17 ——著語（白　隠）
18 ——註（東山嶺）

この中で智光の述記は何分にも奈良朝に出たものであり、中観の立場から堂々と心経を縦横に解釈しているのは日本仏教のために意をつよくするものがあります。とくにその序文に心経をもって「文約義豊詞茂ク旨深シ群藉ノ幽致ヲ統ヘ庶典ノ玄枢ト為ス」といっているのは味わうべきです。呪文についても不翻の態度を堅持し、呪文をもって「印度人ノ常ト聞ク辞ニ非ズ、コノ故ニ不翻」という奇説を出しています。

すでにこれらの日本物については、本文中にしばしば引用したのでくりかえす必要はありませんが、わけて『心経仮名抄』、作者不明の『古徳抄』、『決談抄』、『止啼銭』などは非常に心経を日常平生の生活の中にひき下ろしている点が面白く、漢土の註釈とは大分趣きがちがっているので、その二、三をよまれんことをすすめます。

最後に明治以降の心経講話も中々数多く出ているが、大内《おおうち》青巒《せいらん》の『心経講義』、加藤咄堂《とつどう》の『心経講話』は大体に正統の法蔵の『略疏』によったもので中正をえており、新井石禅の『心経精義』はもとより禅家のものであり、清水谷恭順師の『心経講話』は観世音の利益に重きを置き、高神覚昇師の『心経講義』はその法相名目について仏教一般、人生一般を語るに重く、渡辺大濤氏の『解説梵文心経』は梵語の文法学に忠実であることと、往々にしてエロチックの解釈を与えているところ、林田茂雄氏の『心経の再発見』は社会主義者らしいところに重点が置かれ、上野陽一氏の『たれにもわかるハンニャ心経』は近代科学に立っての解釈は面白いが、林田氏のと同様、心経そのものの研究としては物足らぬ点があります。そこで自分のかいた今度の『心経講話』だが、自分は釈尊の根本仏教の立場をとって心経そのものととりくんだつもりですが、もとより、以上の多くの註釈に負うところが多いことをここに感謝しておきます。

あとがき

私という人間は物にこり性とでもいうのか、一旦、一つの仕事にとりかかると、万事を放擲《ほうてき》して、その仕事に夢中になるくせがある。従って、自分ながらもびっくりするほど、一冊の本を早くまとめてしまう特技をもっている。今日まで幾十冊の著作をしたが十日以上かかった本は、『仏教経済思想研究』とか、そうした研究物以外にはないといってもいい。『父心』も『母心』も一週間か十日位で一気にかき上げているし、『現代人の仏教概論』さえも半月とはかかっていない記憶である。ところが、今度の『般若心経講話』は去年の八月二十一日に筆を起して、これをかいている今日は、その翌年の三月四日、思えば、足かけ八カ月目である。その月数だけをきくと、いかにもこの心経講話に精魂をうちこんだようにもきこえるが、十月七日から急に高血圧をわずらって医師からは暫らく絶対安静を要求せられ、一時は、心経を書き了えずに死ぬんじゃないかと、ひそかに思った位の容体、その後一、二カ月たってから、やっと執筆だけは許されるようになったので、二月からまた書きつづけ、月末に書き上げたような次第である。つまり執筆の中間に病気という一つの大きな一身上の事件が起ったのでこんなに長くかかってしまったのである。だから、さてこのごろ、校正をみていると時々不要な重複があったり、くどいむしかえしがあったりして、われながら、おはずかしい気がする。しかし、また、それだけに、ゆっくりと、考える余裕もあったわけである。特に、私の一般向きの著作と｢ては少々学臭がまじっているように思われる。とりわけ、第一講は素人の方には少々読みずらく、また、面白味も少ないと思う。どうか、この第一講はあとまわしにして、第二講の「観自在の登場」からよみはじめて貰いたい。第一講は今日まで一般の心経の講書には誰も取扱っていない、やや、学問的な取扱いだから、自分としては興味も一番ふかかったし、心経について、特殊な興味をもっている方には是非、読んでいただきたいと思う。

今一つ、この「あとがき」で是非申上げて置きたいことはこの講話を一貫する筆者の思想的態度である。前にものべたように、今日まで何百という心経の註釈があるが、百人百色、みんなその立場はまちまち、いろいろである。唯識法相の立場で心経を解釈する者、禅門に立つもの、真言系の人、観音崇拝の人、いろいろの立場がみうけられる。これに対して私は一口でいって根本仏教の立場を堅持したつもりである。つまり、釈尊の原始根本教説と心経の大乗教理とを調和しようとしたのである。普通世間では、釈尊の教説は四諦十二因縁の小乗仏教、心経は真空妙有の大乗仏教と判別して大乗と小乗とに天地のようなへだたりがあるようにうけとっているが、私はどこまでも仏法は大小一味だと思っている。今日のセイロン仏教は普通上座部といわれ、日本流にいえば小乗ではあるが、今や、今日の世界仏教はいたずらに大小の門戸をかまえて対立すべき時代ではなく、南北大小がもっと互いに謙虚に理解し合い、接近し、互いにその教説を綜合調和すべき時代である。その意味に於ても、心経は南方小乗仏教の否定に非ずして、その止揚であり、それへの発展・綜合でなくてはならない。声聞と縁覚と菩薩との三乗が一枚になってゆくべきである。筆者はその意味で大小一味、三乗一体の立場こそ心経の旨帰であると思っている。それに読者もすでに気づかれたであろう如く、自分はどこまでも心経を自分の宗教生活体験の指導書としてのなまなましいものとしてうけとって行ったつもりである。しかし前にいったように執筆中に発病してしまい、静養中にかきそえたので、体力的にも不完全であったから、定めし不出来のものであろうとそれのみはずかしく思い、ひろく、江湖大方の読者のおゆるしを願う次第である。

昭和三十一年三月四日

神田寺にて

友松圓諦

友《とも》松《まつ》圓《えん》諦《たい》

明治二十八年、名古屋市に生れる。大正八年、宗教大学（現大正大学）卒業。大正十三年、慶応大学文学部史学科卒業。昭和二年より六年まで独仏に留学。大正大学教授、神田寺主管、真理運動主幹を歴任。昭和四十八年、仏教伝道文化賞受賞。昭和四十八年逝去。

著書　『現代人の仏教概論』『法句経講義』『仏教経済思想研究』『法然』『仏教聖典』『仏教における分配の理論と実際』など多数。

般若心経講話　改訂新版

昭和52年1月25日第1刷発行
平成4年12月20日第12刷

著者　友松圓諦
発行者　石原明太郎
印刷所　三協美術印刷株式会社

東京都渋谷区恵比寿1—29—25
発行所　有限会社　大法輪閣
電話（03）3442—2819
振替東京3—19番

《おことわり》
本書には、差別的あるいは差別的ととられかねない不当、不適切な表現が含まれていますが、当時の時代背景、および差別助長の意図で使用していない事などを考慮して、それらの削除、変更はいたしませんでした。この点をご理解いただきますよう、お願い申し上げます。〈編集部〉

般若心経講話　改訂新版（オンデマンド版）

2004年6月30日　発行

著　者　友松　圓諦
発行者　石原　大道
発行所　有限会社 大法輪閣

〒150-0011　東京都渋谷区東2-5-36　大泉ビル
電話　03-5466-1401　FAX　03-5466-1408
振替　00130-8-19番
URL http://www.daihorin-kaku.com

印刷・製本　株式会社 デジタルパブリッシングサービス
URL http://www.d-pub.co.jp/

AB701

ISBN4-8046-1635-7 C0015　Printed in Japan